這裡是2000多年前的古希臘，祕密一直隱藏在世界的另一端。

寶石魔法

黃 防毒、破除詛咒

紅 破除詛咒

雕刻著戈爾貢頭像的紅玉髓（約西元前500年）

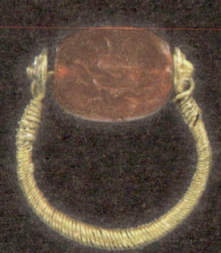

雕刻著蠍子和咒語的黃碧玉（約西元100至250年）

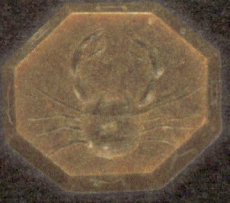

雕刻著梅杜莎頭像的紅玉髓戒指（約西元前550年）

雕刻著螃蟹和咒語的黃碧玉（約西元2至4世紀）

雕刻著梅杜莎頭像的紅碧玉（約西元2至3世紀）

黑

針對女性的特殊問題，如生理痛、避孕等等

雕刻著血咒語及獅頭神的赤鐵礦（約西元2至3世紀）

雕刻著子宮及鑰匙的赤鐵礦（西元100至250年）

白

避免發燒、發冷和頭痛

雕刻著迴文咒語和減退陣（參照第41頁）的瑪瑙（西元100至250年）

綠

平安生產（豐收）

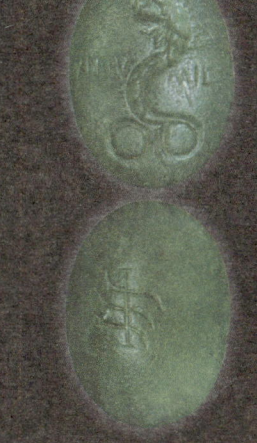

雕刻著獅頭庫努比斯蛇及其象徵符號的綠玉髓（西元100至250年）

透明 金

預防發燒（？）

雕刻著太陽神及其象徵咒語的金絲煙水晶（西元5至7世紀）

藍

戀愛關係（？）

雕刻著阿芙蘿黛蒂從海中升起的青金岩（西元1至3世紀）

3　大都會藝術博物館、蓋蒂博物館、法國國家圖書館博物館（青金岩的寶石）

咒術

想在法庭上使對手無力招架的人

「無論是姆尼西馬庫斯以及他的辯護人或證人的任何人。」
（都會像這個娃娃一樣無力地被人束縛！）

西元前420至西元420年／收藏於凱拉米克斯考古博物館（雅典）

詛咒娃娃

想讓丈夫永遠屬於自己的妻子

透過咒語束縛我特提瑪和他狄奧尼索芬的婚禮和婚姻。
【條件】
我會把鉛板從土裡挖出來，再次施展咒語。
只有在我宣讀的時候，他才可以納妾。
除此之外他都不能結婚。希望他除了我以外不會再娶其他人。
就像我一個人陪著他老去一樣。親愛的神靈，請幫我實現願望。
……讓我成為既幸福又受到祝福的人……

西元前4世紀／收藏於佩拉考古博物館（希臘）

詛咒石板

防禦術

阿芙蘿黛蒂的三角魔法陣

用青銅雕刻棒將這個圖案刻在錫板上，
隨身攜帶就能交到朋友。
將能獲得他人的善意及成功。

「希臘魔法莎草紙」（PGM VII 1-178）／收藏於大英圖書館

沒藥　　松露

可以交到朋友的魔法

「交友護身符」
（為了獲得永久的善意和友情）

PGM XII 397

阿拉伯膠

硫酸銅

癭（油墨原料）

- 將松露、沒藥和硫酸銅混合後製成香味油墨。
- 用非古希臘神祕語言的文字，在魁蒿根上寫下以下8個字母並穿在身上。
→可以「操控」別人的感情，成為人人都喜歡的人！

亡靈魔法

讓死者說話
操控和使喚死者

《奧菲斯會說話的頭》／西元前5世紀

情愛魔法

讓喜歡的人
喜歡上你,
或是讓他頹廢。

插著13根銅針的
黏土娃娃。

出處:Attic red-figure hydria, Antikenmuseum Basel und Sammlung Ludwig. Photograph by Claire Niggli, courtesy of Antikenmuseum Basel. Scientific Figure on ResearchGate. Available from: https://www.researchgate.net/figure/Attic-red-figure-hydria-Antikenmuseum-Basel-und-Sammlung-Ludwig-Photograph-by-Claire_fig1_289877945.
© Marie-Lan Nguyen／Wikimedia Commons／CC-BY 2.5

天體魔法、召喚魔法

觀測天體，除了預測命運之外，還能操控命運。

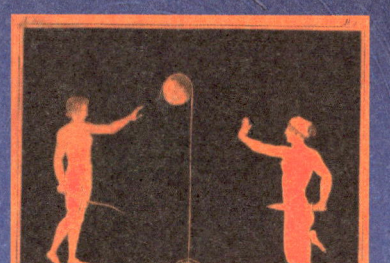

「聽我說話，月亮啊！」

女巫拉下月亮的花瓶畫

原件在運送過程中因為船隻沉沒而在18世紀遺失了。
草圖由Hamilton and Tischbein創作於1791年。

除非在神殿舉行儀式，否則不會理睬人類的奧林帕斯諸神，靠一名魔法師的力量即可召喚。

煉金術

將卑金屬變成黃金，變換所有物質，包括人類的靈魂。

引用自最古老的希臘煉金術祕方。

寫著「一即全」的銜尾蛇。

「如果你想要的話，
我便答應將秘密告訴你。
比堆積如山的黃金更好的，
就是我的魔法。……
我正在尋找一位充滿熱情、
好奇心十足的弟子。」

引用自西元5世紀的魔法詩歌《石之歌》（*Lithica*），
古代最晚期的魔法師

φῶτα δὲ δίχημαι ταλακάρδιον, ὅς κεν ἕκαστοr
ἐμῆς μάγος πειρῷτο, μενοινήσαι τε καί οἱ τε
ἀνάσκηται καὶ ὅς εἰδότας ἐξερέεινη

神祕的古希臘

暨古代魔法史

藤村Sisin

前言

歡迎來到古老的神祕之門！

我叫藤村 Sisin，專門在研究古希臘。

從現在開始，我想帶大家前往我在研究過程中，從神祕鑰匙孔窺探到的另一端。

那個地方幾乎沒有什麼日文譯本，充斥著許多人從未見過的東西——就是**「古代魔法史」**的世界。

本書將透過歷史和考古學研究所揭示的古代魔法樣貌，配上彩色插圖及解說（偶爾會有實驗）為大家介紹。

雖然有些可怕且懸疑，但還是讓人忍不住窺探，想知道它的真面目是什麼……相信大家一定也能夠享受到古代魔法史所展現的那種腦力激盪。就像我第一次看到的時候一樣。

話說回來，這本書大致上揭示了古代魔法的三個祕密。

首先，就是**2000年前魔法師的魔法和巫術的祕密**。

神祕之門的另一端並不是虛構的世界。它是**歷史上的時空**，留存著「實際物品」和「史料」（記錄），至今仍可以觀察及接觸。

魔法師想要在這個與我們同樣被物理定律所支配的世界中，反過來操縱並控制這些定律。接下來將為大家介紹他們所吟唱的咒語、繪製的魔法圖案、創造的理論和物品，以及他們使用過的種種咒術。此外還會為大家介紹一些魔法師和女巫最生動的軼事！（當然全部都會附上出處。）

其次，古代魔法也**揭露了古希臘人的欲望**，他們就和大家一樣過著日常生活。古希臘人是理性的人，他們奠定了現代文明和學術領域的基礎，但是在他們心中一直隱藏著祕密。

藏在衣服底下的是「可以交到朋友的護身符」和「面對討厭上司時的咒語」，或是會偷偷地在胯下塗上「受歡迎的魔藥」。每天夜裡都會施展「擊倒對手的咒術」。大家都將欲望託付給了魔法。

接下來要談論的，就是這種藏在古希臘服裝底下、在黑夜之中、在心中五花八門的欲望的祕密。

最後，古代魔法將**揭發我們潛意識思維的祕密**。

古代魔法是來自與今日無關的另一個世界——這本書，就是為了摧毀這種印象而寫的。

古希臘魔法的本質是什麼？魔法師是什麼人？

歸根究柢，「魔法」到底是什麼？我們是在怎樣的契機下才將「魔法」認定是「魔法」的呢？

了解到這一點的時候，我們每一個人肯定都無法與古代魔法撇清關係。

現在，就來打開這個吱吱作響的大門，釐清深藏的祕密吧！

目錄

- 封面 ... 1
- 前言 ... 11
- 本書介紹的魔法一覽表 ... 20
- 古希臘中心 歷史＋魔法地圖 ... 22

第1章 西元前的魔法師

- 古希臘的表面世界 ... 26
- 古希臘的隱祕世界 ... 29
- 古希臘的魔法師 ... 32
- 這就是古代的魔法師！ ... 33
- 巴里納斯傳1 大魔法師逃出法庭 ... 38

第2章 咒語 Epōidē

- 什麼是咒語？ ... 43
- 「咒語」的理論 ... 51
- 「祕密」不起作用時……把上級叫出來！ ... 55
- 魔法師的失敗 ... 58
- 最古老的魔法書與最強大的咒語 ... 60
- 【專欄】現代人現在想馬上念誦的咒語 ... 63
- 巴里納斯傳2 大魔法師現身 ... 64
- 先行研究 ... 66

14

第3章 咒術 Katára／Katadesmos

- 將名字切成碎片的咒術 … 70
- 在油燈上寫上6個人的名字
- 詛咒石板 … 72
- 詛咒石板的材質和所在地 … 74
- 誰寫的，寫了什麼？ … 77
- 被施展「咒術」的人會怎麼樣？ … 78
- 召喚冥界諸神 … 81
- 對付競賽祭對手的詛咒石板 … 84
- 什麼是「好的咒術」？ … 86
- 咒術的故土——平等 … 90
- 黑卡蒂的履歷 … 92
- 巴里納斯傳3 大魔法師大戰吸血鬼 … 94

第4章 對抗黑暗魔法的防禦術 Provascania

- 防禦等級1：手勢、植物 … 102
- 防禦等級2：陶器碎片 … 106
- 防禦等級3：金、銀 … 108
- 防禦等級4：寶石魔法 … 110
- 古代寶石魔法一覽表 … 113
- 魔法中使用的基本礦物 … 124
- 問題點——過於有價值 … 129
- 魔法從哪裡開始？ … 131
- 巴里納斯傳4 大魔法師前往恐怖洞窟 … 133
- 巴里納斯的寶石魔法 … 136

15　目錄

專欄	古希臘魔法工具全集	138
	各種魔法	144

第5章 情愛魔法 Agoge／Philtron

有中間型的魔法	148
性愛（Eros）類魔法	149
燃燒魔法	152
殺戮天使	155
友愛（Philia）類魔法	157
性愛與友愛的差別	160
性愛類魔法與友愛類魔法的直接對決	162
性愛類魔法vs友愛類魔法的魔藥祕方	164
情愛魔法與性別	167
巴里納斯傳特別篇	169
大魔法師的履歷	
魔法師的履歷 提亞納的阿波羅尼烏斯／巴里納斯	170

第6章 亡靈魔法 Nekromanteia

魔法師之王皮蒂斯	178
任何杯子都能吸引過來★魔法♪	180
操控死者是最大的禁忌!?	183
讓幽靈實際出現加以操控的魔法	

16

魔法師之王皮蒂斯 …… 184
祕藏使喚死者的愚人死者 …… 186
封印試圖操控的愚人死者亡靈魔法 …… 187
亡靈魔法暖人心扉 …… 188
亡靈魔法的「代價」 …… 191
巴里納斯傳 5 …… 195
大魔法師用亡靈魔法
召喚英雄阿基里斯
至今仍位在阿刻戎河河畔的
亡靈神諭所 …… 196
古代魔法照片庫

間章 魔法與科學的新時代

逐進展開的世界、學問與魔法 …… 202
日漸垂暮的諸神 …… 205
巴里納斯傳 6 …… 208
大魔法師與亞歷山大大帝
並肩作戰 …… 210
各類型魔法師

第7章 天體魔法 Astromanteía

天體魔法是什麼？ …… 217

【觀測星星】天文學 218
【解讀星象】占星術 225
占星術的天下！ 228
仰望星空的三個人 230
【操控星星】天體魔法 232
向上天提出密碼！ 237
不喜歡「絕對」 240
番外篇 應用魔法「諸神召喚術」 243
操控月亮的咒語 244
阿波羅召喚術 246
天文學／占星術年表 248
巴里納斯傳7 大魔法師大戰飛龍 250

第8章 實用煉金術 (Al)chemy

盯著掌中鉛的三個人 254
古代煉金術用品術語集 256
煉金術之謎 258
實用煉金術：解讀 260
解讀①實用煉金術器材「Kerotakis」 262
一窺煉金術師頭巾的底下 263
解讀②信條「一即全」 266
將哲學變成煉金術！ 270
解讀③太陽和月亮的符號 272
解讀④雙重煉成陣 275
實驗「將卑金屬變成黃金」 280
從實驗中明白的事情 283

專欄	試試看用煉金術製作寶石！	285
巴里納斯傳 8	大魔法師被女巫打敗	286
煉金術年表		289
煉金術師的履歷	瑪麗亞、偽德謨克利特、伊西斯	290

第9章 神祕煉金術 Mystikē

「幻覺」		296
覺醒：找到入口		305
醒不過來的夢：最後的繼承人		308
然後世界就終結了		310
煉金術師的履歷	佐西姆斯、提奧塞比亞	312
巴里納斯傳 9	大魔法師最後的逃脫	314

終章 終極祕密──魔法的本質

魔法對「第三定律」的反駁	318
古代的「尋常」讓他成為了魔法師	322
現代的「尋常」讓她成為了科學家	324
儘管如此還是無法解開魔法	325
後記	327
巴里納斯傳 10　永遠的大魔法師	330
古希臘表面世界和隱祕世界的年表	332
古希臘魔法 歷史分期	334
「荷馬的神諭」	336
參考文獻	347

魔法一覽表

促使目標失眠的咒具	28
幫助安然入眠的護身符	28
治癒針眼的咒語	44
（鼻子）止血的咒語	44
個人防禦的咒語	45
壓制敵人的咒語	45
凡事都能使用的咒語	46
治療發燒的咒語	47
治療痔瘡的咒語	50
患者治癒痔瘡後不感恩時的咒語	50
召喚魔法之神赫爾墨斯的咒語	53
ZAGOURIPAGOURI的減退陣	58
面對討厭上司時的咒語	63
變成隱形人的咒語	63
可以打開任何門的咒語	63
在油燈上寫上6個人的名字	70
將名字切成碎片的咒術	73
詛咒情敵的詛咒石板	82
將盜賊交給冥界之神的詛咒石板	84
對付競賽祭對手的詛咒石板	89
埃斯基涅斯「彈劾泰西封」	92
黑卡蒂支配萬物的權杖	100
黃鐵礦與紅鶴的護身符	102
防禦術1：豎中指、吐口水	106
防禦術2：破除所有咒術護身符	108
防禦術3：對付所有追擊者、山賊、恐懼和惡夢的防禦術	110
防禦術4：寶石魔法	136
巴里納斯的寶石魔法	140
阿瓦里斯的飛箭	

20

本書介紹的

蓋吉茲的戒指	140
畢達哥拉斯的奧義書	141
魔鏡	141
赫爾墨斯的「商神杖」	142
阿斯克勒庇俄斯的權杖	143
預防感冒的戒指	144
招財赫爾墨斯	145
讓生意興隆的	
讓別人對自己產生好感的魔法	150
「蝴蝶」的燃燒魔法 戒指版、咒語版	153
讓男人無法勃起的魔法	159

性愛類魔藥	164
友愛類魔藥	165
魔法師之王皮蒂斯 任何杯子都能吸引過來★魔法♪	178
祕藏使喚死者的亡靈魔法	184
封印死者的魔法	187
男人想讓4個女人同時變女朋友的詛咒石板	196
具有防禦術的腰帶	196
死後使用的護身符	197

玄關地板上破除邪眼的馬賽克圖	197
赫爾墨斯的魔法陣：服從的咒語	198
能成就一切的熊咒語	216
用於天體魔法的「天空密碼」	238
操控月亮的咒語	244
阿波羅召喚術	246
「將鉛變成銀」的煉金術	258
「將卑金屬變成黃金」的硫磺水祕方	280
製作假祖母綠	285
用水晶生成紅寶石	285

21

+魔法地圖

有很多魔法景點。
盡頭都存在神祕的地方……

黑海

[希臘]

● 特洛伊
△ 阿基里斯之墓

△ 特羅福尼烏斯的洞窟
● 雅典
△ 科林斯
△ 迪克泰的洞穴

尼米亞
奧費勒斯詛咒的聖地

● 提亞納

● 安條克

● 亞歷山卓

[南]

對古希臘人而言
**古老的
「奇幻」國度**

[埃及]

尼羅河

日出之國 [東]
科爾基斯

「日出之國」是日本的代名詞,但是對古希臘人來說,它指的是科爾基斯(現在的喬治亞)。一般認為魔法與太陽有關係,所以這裡出現了許多神話中的強大魔法師(如美狄亞等人)。

賢者的最終目的地 [東]
印度

過去三藏法師前往印度取經,而希臘的魔法師也從西方來到印度尋求智慧(畢達哥拉斯、巴里納斯)。

22

| 古希臘 中心 | # 歷史 |

希臘世界（中央）其實
而且，人們認為在世界四個角落的

北 北端的綠色樂園
許珀耳玻瑞亞
據說在希臘以北的遙遠之地，有一個四季如春的樂園。光明之神阿波羅和人們幸福地生活在那裡。這裡有許多受到神喜愛的魔法師（如阿瓦里斯等人）。

義大利
●羅馬

亡靈神諭所

地中海

西 西端的死者國度
黑帝斯
希臘人認為死後的世界在西方或地下。這是一個黑暗陰鬱的世界，還有與亡靈術有關的可怕諸神（如黑帝斯、波瑟芬妮等等）。

0　　400km　　800km

封面設計∶tobufune（小口翔平、畑中茜）
插畫∶藤村Sisin、星野香菜彥
校對∶鷗來堂
DTP／黑田志麻

山本秀一、山本美雪（G-clef）
三橋理惠子、關根和彥（QuomodoDESIGN）
松下陽子（MiKEtto）
村野千草（bismuth）

第 1 章 西元前的魔法師

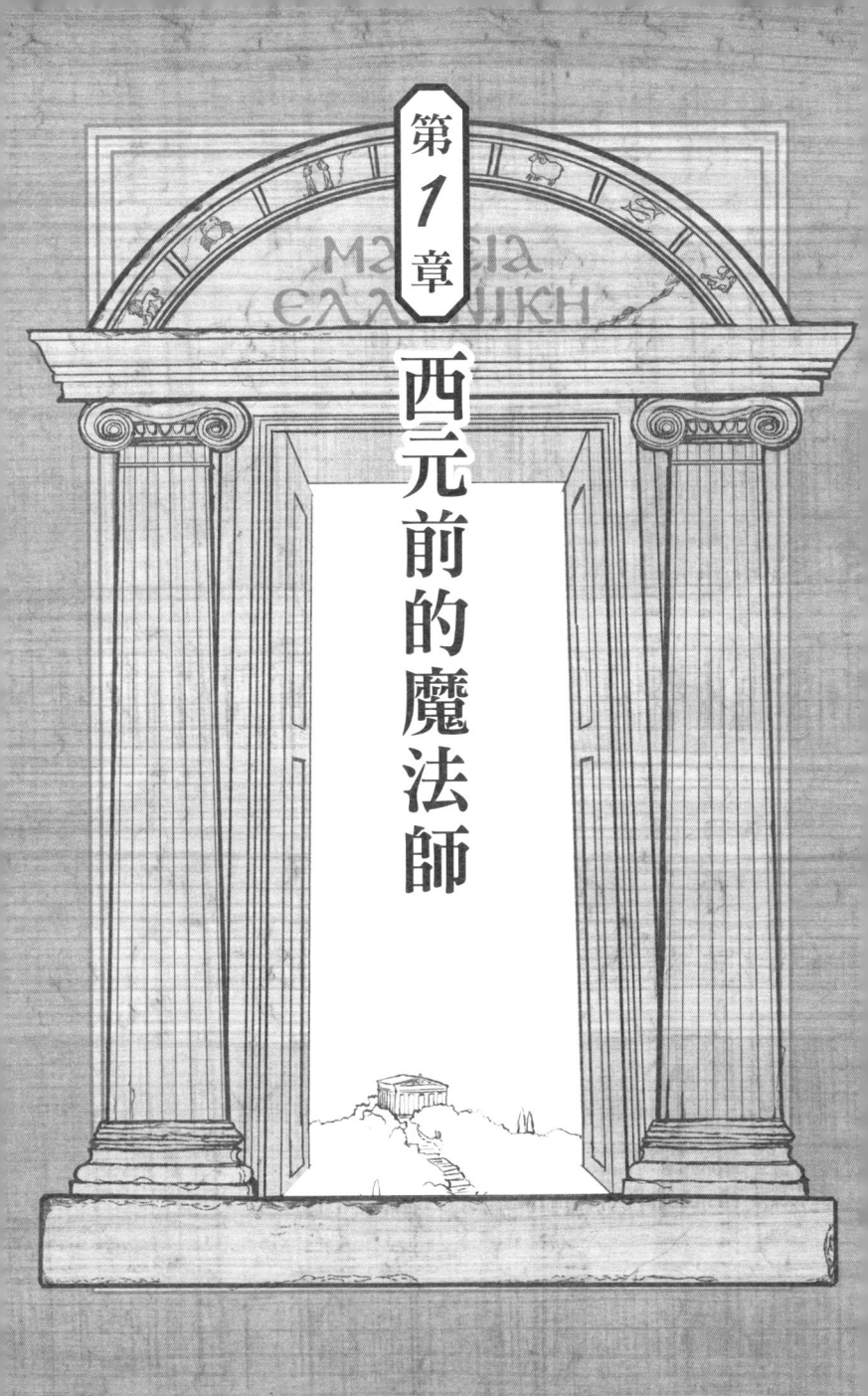

古希臘的表面世界

你曾經想過使用魔法嗎？

2000多年前，就有人將這個願望付諸實現。**他們是西元前8世紀至西元5世紀，生活在地中海世界的古希臘人。**

說到古希臘，從歷史上來看是一個在西元前8世紀於愛琴海沿岸揭開序幕的世界。多達數百個城邦（polis）隨意成立，並且不斷地相互戰爭。

然而他們都講著相同的古希臘語，信仰一樣的諸神而集結在一起[*1]。至高神宙斯、智慧女神雅典娜、光明之神阿波羅。那裡是一個在基督教以前的**多神教世界**，到了現代，我們在繪畫、漫畫或遊戲

---

*1 本書中將古希臘人定義為「說古希臘語的人」，有時也包括在地區或時代上有所接觸的埃及、羅馬和整個地中海的部分地區。

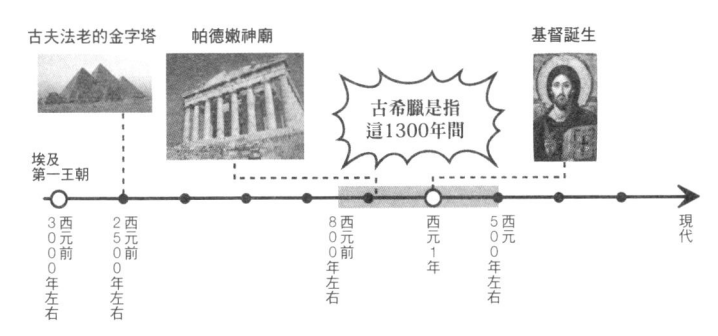

中至少見過一次的那些希臘神話諸神，都曾在每座城市中心的山丘上被人崇拜著。

說起希臘，很多人第一個想到的，應該是映襯著藍天的純白色帕德嫩神廟。雖然現在只剩下有如骷髏般的石柱，但是在當時可是供奉雅典娜女神，色彩繽紛又宏偉的石造神殿。人們列隊前來參拜，在這當中還包括哲學家蘇格拉底和柏拉圖，以及政治家伯里克里斯等，至今仍在教科書中留下足跡的偉人。

在清澈見底的愛琴海海岸上，在美麗的諸神底下，人們讓先進的學問蓬勃發展。這些人就是古希臘人。

然而，他們卻有一個祕密——**因為每一個人都在背後使用魔法之術。**

古夫法老的金字塔　　帕德嫩神廟　　　　　　　　　　　　　　　基督誕生

古希臘是指這1300年間

埃及第一王朝

西元前3000年左右　西元前2500年左右　　　　西元前800年左右　西元1年　西元500年左右　　現代

27　第 *1* 章　西元前的魔法師

資料1 古代魔法祕方全集，揭示古代人「欲望」的分類

PGM＊2的細目。參照前野[2015]。

- 治癒頭痛和咳嗽。
- 治療失眠。

取出卡在喉嚨裡的骨頭以及保護身體免受生理期、生產和邪惡魔法所害等等。

變成隱形人、使喚使魔等等。

獲得上級支持、贏得競賽、生意興隆等等。

獲得身體上的快樂。讓戀愛成功或是反過來讓感情破裂。

圓餅圖：
- 健康 ……23.5%
- 其他
- 名譽 ……7%
- 復仇 ……8.8%
- 預知 ……21.2%
- 性慾 ……21.5%

使敵人失眠。
讓他們服從並閉嘴。

想知道未來以及現在正在發生的事情。

> 這真是「想為失眠做點什麼的人」和「想讓別人失眠的人」的完美結合！

｜促使目標失眠的咒具｜
PGM VII 374-76

作法 取一個貝殼，按照下述寫下來。

ΙΨΑΕΙΑΩΑΙ
IPSAE IAOAI

【目標的母親名字】的女兒，幫我叫醒【目標】吧！

VS

｜幫助安然入眠的護身符｜
PGM CXXIIIa

作法 在一片月桂葉（使用洋蔥、芸香和乳香）上寫下左述內容。

塔拉塔羅

古希臘的隱祕世界

請看看在街上行走的人他們的指尖。這些色彩繽紛、閃閃發光的戒指上，都被施展了**「寶石魔法」**。因為人們認為，將頭顱雕刻在紅色寶石上可以破除「詛咒」，將蠍子雕刻在黃色寶石上可以抵禦「毒藥」。紅色赤鐵礦、綠碧玉、琉璃和金絲水晶……如果刻上與各種顏色相符的魔法之術，還可以避免所有的災難。

如果能窺看到人們的衣服底下，就能看見他們想要保守祕密的**情愛魔法或防禦魔法**。

一個神情冷酷走在路上的男人，他的胳下說不定塗上了**「受歡迎的魔藥」**。

某個女人的腰帶上，也許寫著讓她丈夫服從於她的咒語。一個看似老實的工匠或祭司，說不定嘴裡正在念誦**「面對討厭上司時的咒語」**。

*2 「希臘魔法莎草紙」(Greek Magical Papyri, 簡稱PGM) 是當時人們使用的咒術、防禦術等等的祕方全集。本來零零散散的祕方被整理成了一本書，主要的年代在西元3世紀。

註：莎草紙是一種類似紙的書寫介質。它是從生長在埃及的一種植物，也就是紙莎草所製成。其質地硬脆，不像紙張柔軟，也不耐折疊。因此，它更適合用於卷軸而非小冊子。

29 第 *1* 章　西元前的魔法師

只不過，還有更多的祕密隱藏在道路底下。在泥土中是黑暗魔法**「咒術」**的領域。如果憎恨某個人，他們就會把詛咒的話寫在鉛板上，釘上釘子埋進土裡，直接告訴地下冥界的諸神。

「冥界之王黑帝斯，那傢伙很礙事，請將他帶走。現在馬上帶走！」

「冥界女王波瑟芬妮，如果他不愛我就讓他永遠受苦吧！」

當時是一個大魔法時代。每個人每天都在使用魔法之術，即「魔法」。

後來也出現了很多不滿足於只能實現瑣碎欲望的人，他們想要操控更強大的魔法之術。這些人無論男女，都被稱為**「古代魔法師」**。

他們一直在思考，如果能夠了解宇宙的祕密，那麼是否就能操控這個世界呢？例如，只要完全理解天文學，是不是就能移動那些無法觸及的星星？**（天體魔法）**如果反覆進行化學實驗的話，有一天能否將手掌中的鉛變成黃金？**（煉金術）**可以超越生與死的界線嗎？**（亡靈魔法）**還是……如果我自己能夠得到與神同等的力量呢？

雅典城人口推算（西元前432年左右）

- 總人口……23萬人
- 奴隸……8萬人
- 外國人……3萬人
- 有投票權的成年男性……3萬人
- 公民家屬……9萬人

① 有投票權的成年男性
② 公民家屬
③ 外國人
④ 奴隸

總人口 23萬

以雅典城邦的人口分類作為參考，它是當時規模最大的城市。

30

就像這樣，**使用特殊的儀式、咒語和工具來操控物理定律、他人甚至命運的超自然之術**，過去就叫作 mageia。在現代，則是被稱為 magic（魔法，關於定義請參照後面章節)[*3]。

「當時的人們相信魔法嗎？」──歷史所顯示的答案是肯定的。

舉例來說，如果挖掘希臘的地面，從西元前6世紀到最後的地層為止，就會挖出詛咒的鉛板。至少可以說，將仇敵的名字寫在鉛板上埋起來這件事，在1000多年來一直被認為是「有效的」[*4]。

沒錯，古希臘人處在與我們相同的物理定律世界中，他們不僅是第一批想像和實踐魔法的人，而且還留下了大量**記錄、理論和證據**，讓我們在2000後還能加以觀測。

在本書中，將會講述從西元前8世紀到西元5世紀基督教化為止，古希臘世界（加上羅馬）現實中的魔法[*5]。

[*3] 還有其他各種表達方式，諸如 goeteia（尤其是亡靈術）、Pharmakeia（尤其是藥物）和 katadesmos（咒術）等等。大致上來說，都是用「魔法」來表示。而本書主要講述所謂的西方古代魔法。

[*4] 也許大家會想說：「我知道這樣做無濟於事！但我還是忍不住要這麼做！」就像現代人明知道沒用，卻還是會許願、祈求好運一樣。

[*5] 主要講述以下兩種語言涉及的魔法，一種是這個世界的官方語言古希臘語，另一種是古羅馬時期使用的拉丁語。

31　第 1 章　西元前的魔法師

古希臘的魔法師

我們可以在美術館、博物館和學校美術館中，看到古希臘哲學家和英雄的半身像，所以現代人也許對古希臘人有些印象（幾乎都是裸體裹著白布，頭戴花冠的人）。

話說回來，被稱作魔法師的人長得什麼模樣，他們是怎樣的人，又是如何使用魔法呢？

接下來，就讓我們利用殘留下來的史料，來追溯古代魔法師的真實樣貌吧！

32

魔法師的服裝

史料2
這就是古代的魔法師！ *6

魔法師是熟悉魔法並以施展魔法作為職業的人。這裡就來介紹一下一般魔法師會攜帶的物品吧！

✴披頭散髮，衣服寬鬆 *7
～自縛不利於在魔法中一決勝負！

極力避免穿戴會束縛身體的東西，例如髮帶或腰帶。因為他們容易受到咒語（咒術）的力量所束縛，會成為敵對魔法師施咒的目標。

✴藍色眼睛

古希臘人認為藍色眼睛的人尤其是邪眼。

✴頭髮長到不自然
～為了增強魔力

無論男女，頭髮都被視為魔力的來源。不過根據當時的風俗，即使是男性平時也會留著長髮。

✴臉頰上沒有雀斑
～為了使用魔法

「有雀斑的人不能使用魔法」，這是魔法師經常對一般人所說的話。然而，老普林尼的《博物志》（*Naturalis Historia*）提到，這只不過是用來欺騙一般人的藉口。

✴披著黑色斗篷
～想要融入夜色時

黑色服裝是魔法師融入夜色做壞事的特徵。薩滿的巫師有時也會穿著簡樸的白色服裝。

究竟，斗篷底下有什麼呢……？

33　第 *1* 章　西元前的魔法師

魔法師的魔法工具

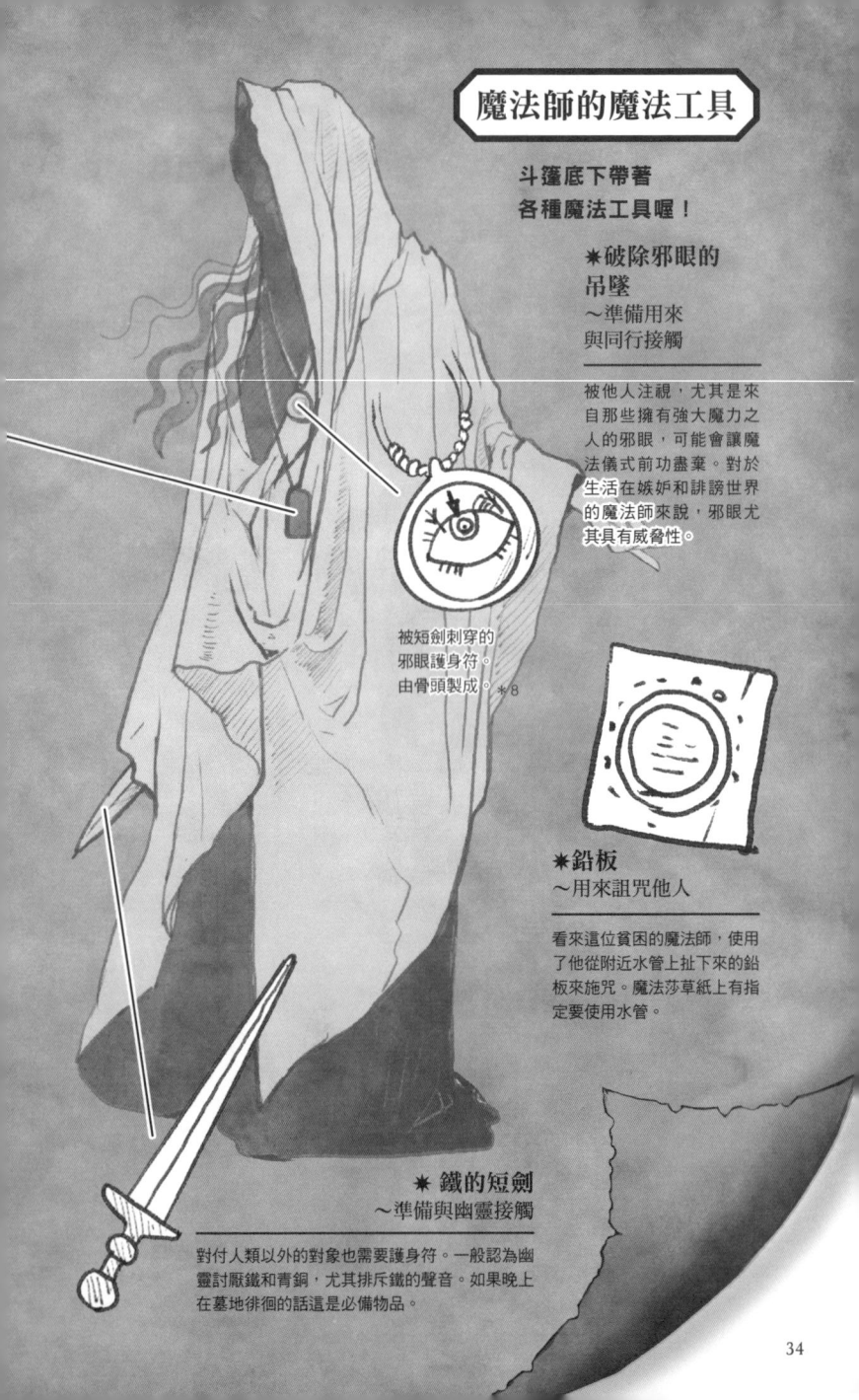

斗篷底下帶著
各種魔法工具喔！

✽破除邪眼的吊墜
～準備用來
與同行接觸

被他人注視，尤其是來自那些擁有強大魔力之人的邪眼，可能會讓魔法儀式前功盡棄。對於生活在嫉妒和誹謗世界的魔法師來說，邪眼尤其具有威脅性。

被短劍刺穿的邪眼護身符。由骨頭製成。*8

✽鉛板
～用來詛咒他人

看來這位貧困的魔法師，使用了他從附近水管上扯下來的鉛板來施咒。魔法莎草紙上有指定要使用水管。

✽ 鐵的短劍
～準備與幽靈接觸

對付人類以外的對象也需要護身符。一般認為幽靈討厭鐵和青銅，尤其排斥鐵的聲音。如果晚上在墓地徘徊的話這是必備物品。

護身符
✳銀和寶石的戒指
～準備用來面對神

當對手是比幽靈更強大的諸神時，需要適合諸神的守身物品。例如，月亮女神反覆無常又殘暴無情，會把沒有攜帶磁鐵礦或銀製護身符的人，扔向天空再打落到地上（參照第244頁「操控月亮的咒語」）。

護身符
✳銀的護身符～保護自己免受神的傷害

將字母刻在銀板上包裹於紫衣中再掛在脖子上。這與日本神社的護身符是非常相似的類型。

✳月桂樹枝～用來召喚神

要用魔法召喚阿波羅時，需要一根帶有7片葉子的月桂樹枝。如果樹枝從手中掉落就會身陷險境（參照第246頁「阿波羅召喚術」）。

✳其他適合施展魔法的物品

藥草、天文觀測儀器、寶石、頭蓋骨、狼頭等等。

✳可攜式魔法陣
～用來操控亡靈

古代一般不會將魔法陣直接畫在地面上，因為被發現的風險太高了。魔法師會畫在動物的皮或莎草紙等東西上，再將魔法陣帶去墓地。像地毯一樣捲起來就能快速設置和撤除，非常方便。例如亡靈魔法的魔法陣（第184頁）、赫爾墨斯的魔法陣（參照第196頁）等等。

如果看到魔法師……

魔法師是神祕主義者，不喜歡別人看到他們的儀式。最糟糕的情況是他們會追上來說：「別看！」然而，如果魔法師戴著「隱形」的戒指（血石戒指），說不定就看不見了。

---

* 6 以下內容主要參考Ogden [2002]（標記對應書末的參考文獻表）。
* 7 一般認為，其他像是鬣狗的皮膚、吐三次口水等也可以避開邪眼。參照赫利奧多羅斯（Heliodorus, 6, 12）的魔法師卡拉西里斯（Kalasiris）的故事。
* 8 Delatte and Ph. Derchain, *Les Intailles magiques gréco-égyptiennes* (Paris, 1964).

35　第 *1* 章　西元前的魔法師

史料3 古代魔法可以做到的事情

寫於西元2至5世紀的魔法詩歌《石之歌》寫道：
成為魔法師後可以做到的事情、
適合從事魔法工作的人彙整如下。

魔法師擁有這些能力

不管對手的權力再大、力量再強都可以用魔法戰勝（第113頁）

- 不管對方多強壯都能戰勝。
- 甚至能穿越波濤洶湧的大海。
- 面對野獸時可化身為獅子，面對人類時可化身為宙斯。

可以知道所有的祕密（第125頁）

- 能知道每個人心中正在計畫的祕密。
- 能理解鳥和蛇的話語意義並加以操控。

所有的防禦（第105頁）

- 懂得解毒術，能夠治癒被月亮照到的人。
- 讓邪靈離去。

這樣的人才最適合！

（不需要協調性也行!!）

- 熱愛學習，研究家。
- 勇敢且意志堅強的人。
- 對任何事情都充滿熱忱且勤奮努力的人（就像拉著太陽神馬車的馬一樣，每天在固定的時間完成固定的工作）。
- 覺得被認同比金錢更有價值。
- 做好被人嘲笑為「魔法師」並遭到砍頭的心理準備。

（相當黑暗的工作!!）

摘自西元5世紀的魔法詩歌《石之歌》

> 如果你想要的話，我便答應教你我的這門祕術。
> 比堆積如山的黃金更好的，就是我的魔法。
> 我正在尋找一位充滿熱情、好奇心十足的繼任者！
> ——創作《石之歌》的魔法師

> 魔法師是這世上最壞的惡棍。他們使用特殊的咒術、咒語和工具，甚至誇口：「我連已經註定好的命運，都要顛覆給你們看！」
> ——演說家斐洛斯脫拉德（Philostratus，西元3世紀）VA 5.12

魔法師並非普通人，他們使用非凡的智慧和技術（魔法），誇口說能將任何不可能的事變成可能。

不平凡的人將面臨兩種選擇，不是「非常受到尊敬」，就是「被人鄙視至死（有時會被判處死刑）」。

接下來要談論的魔法領域，是人們反抗古代世界「常態」的歷史。現在便透過真實存在的魔法師傳記，為大家介紹他們在古代社會是如何生存下來的。

巴里納斯傳 1　大魔法師逃出法庭

斐洛斯脫拉德《阿波羅尼烏斯傳》(Life of Apollonius of Tyana，西元 3 世紀)[*9]

在這裡要讓一位當時實際存在的魔法師登場——古希臘最偉大的魔法師巴里納斯（Baranus）。西元93年，羅馬。他被人指控施展黑魔法傷害圖密善（Domitianus）皇帝[*10]，後來被帶上法庭。

沒錯吧？」

「我要告發。這名魔法師在半夜殘忍地肢解乞求饒命的少年，吃掉了他的內臟。然後用少年的血液操控諸神，施展咒術傷害皇帝！你這個魔法師，我說的沒錯吧？」

「我怎麼可能這麼做。**我根本不用靠人類的內臟或儀式，就能施展更強大的咒術**。難不成，我是在夢裡施展魔法了嗎？」

[*9] 在《阿波羅尼烏斯傳》第 8 章中詳細記錄了這名魔法師氣氛激烈的審判。由於篇幅冗長，所以在此截取了各節的部分內容並提供意譯。原文見Philostratus [2005b]。

[*10] 在位期間為西元81至96年。給人強勢的暴君形象，但是近年來已受到重新審視。

38

這個從難以預料的技術層面否定控訴的男人，正是生於西元1世紀的**偉大魔法師巴里納斯**[*11]，又名提亞納的阿波羅尼烏斯。

根據記載，此時他魔力來源的長髮遭人一刀剪掉了，魔法戒指也被拿走，已經完全手無寸鐵[*12]。

然而，大魔法師巴里納斯卻大膽地向皇帝斷言，如下所述：

「陛下，因為原告這種惡棍的所作所為，害世界上充滿了邪惡。城市荒廢，各座島上到處都是顛沛流離的人，人們一直在悲嘆。您的軍隊貪生怕死，元老院更是充滿腐敗。

——好吧，想抓我的話，就來試試看吧！但是就算你俘獲了我的肉體，也別以為能夠解放我的靈魂。」

接著魔法師為了展示自己的神祕力量，不慌不忙地補充道：

*11 有關他的詳細資料，請參照履歷1（第170頁）。

*12 關於魔法師和女巫將魔力儲存在長髮中的故事，在許多國家和作品中都能看得到，即使在古代也有下述的記錄：「所有的賢者（魔法師）都要小心，不要讓鐵刀碰到頭髮。讓鐵刀碰到頭髮是不敬的行為。因為在他的大腦裡有感性的泉源與直覺，祈禱就是從那裡發出來的，而且也會發出通譯者智慧的語言。」
（Philostratus [2005b], pp.367-368）

「……應該說,各位,別說我的靈魂了,就連我的肉體都無法被你們捕獲吧?」

不管是這句話,還是他「不用靠儀式就能施展更強大的咒術」,都是千真萬確的事——因為接下來只需要念誦一句咒語,魔法師就像煙霧一樣從法庭上消失無蹤。

οὐ μέν με κτενέεις, ἐπεὶ οὔ τοι μόρσιμός εἰμι

「因為我正是永生的神。」

現在,就來展開西元前眾位魔法師令人目眩神馳的發端吧!

40

第 2 章

咒語

Epōidē

史料1 記錄咒語的魔法莎草紙
(約西元4世紀)

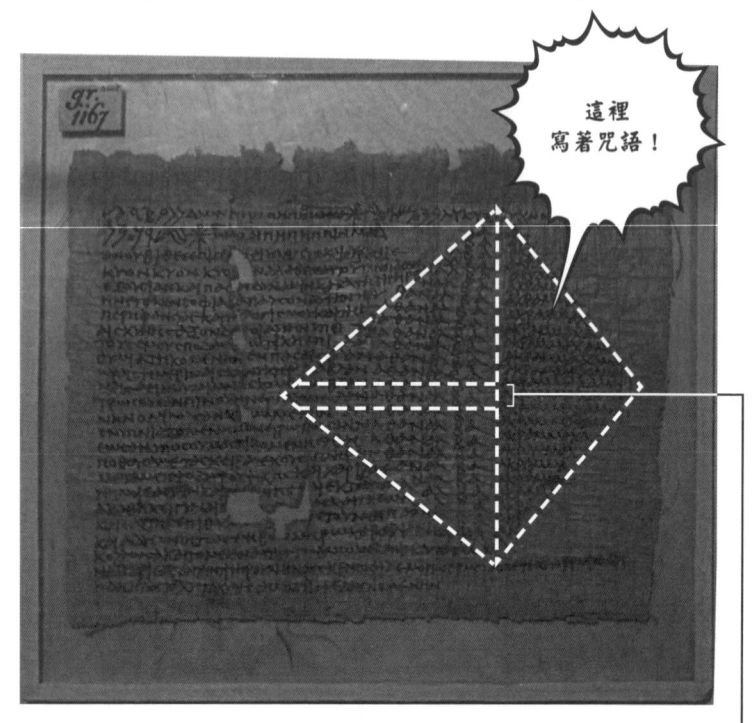

> 這裡寫著咒語!

頻繁出現的古希臘魔法咒語
ΑΒΛΑΝΑΘΑΝΑΛΒΑ

阿布拉那塔那魯巴!

魔法的理論　「ΑΒΛΑΝΑΘΑΝΑΛΒΑ!」是古希臘語的**「迴文」**,無論從右向左讀或從右向左讀都是同樣的意思。
一般認為迴文是以中央的字母為界線,逐漸自然消滅的文字列,因此具有**消滅和衰退**的力量。
字母本身具有與太陽相關的意義(本文第54頁)。
在這張莎草紙上與其他咒語組成了「阿布拉那塔那魯巴・阿庫朗駡卡勒衣!」(「根除魔法咒語吧」*1),形成了神奇的圖形。

*1　據信是源自亞蘭語的文字列(Sholem [2015])。

什麼是咒語？

首先從最基本的魔法形態式**「咒語」**來一探究竟吧！[*2]

咒語是透過大聲念誦，或是寫下字母來啟動效果的。

在古希臘，西元前8世紀的敘事詩《奧德賽》（*Odyssey*）中，就已經記錄了用於止血的口頭咒語。[*3]

下一頁就是現存的多個具體範例，包含民間使用的「符咒」[*4]，到魔法師使用的高級咒語。

[*2] 魔法的研究歷史悠久。想要了解先行研究的人，請參照「先行研究」（第66頁）及「參考文獻」（第347頁）。

[*3] 奧德修斯受傷的腿被咒語治癒的場景《《奧德賽》19.455-58）。

[*4] 許多咒語歷經幾世紀後遺失、毀壞，故現在很難了解其內容和意義。然而，西元5世紀波爾多馬塞盧斯（Marcellus）的文獻中保留了一些祕方。

43　第2章　咒語

> 最簡單!!

西元5世紀波爾多馬塞盧斯的
文獻中保留下來的祕方

民間咒語

① 治癒針眼

KYPIA KYPIA
KACCAPIA COYPωPBI

可利亞・可利亞・卡撒利亞・嗖嚕一嗶

意義和結構不明。
只需念誦即可使用。

②③（鼻子）止血

COKCOKAM CYKYMA

嗖庫嗖卡姆・咻庫罵

意義和結構不明。
只需念誦即可使用。
拉丁語為 *sirmio sirmio*（馬塞盧斯10.69）。

ΨA ΨE ΨH ΨE ΨH ΨA ΨH

普薩・普碎・普碎一普碎・普碎一普薩・普碎一

意義和結構不明，但是有一個獨特的聲音 *psps*（普斯普斯）！
使用方式是將咒語寫在一張新的莎草紙上，
用紅線將它綁起來並在脖子上繞3圈。

另外還有一種方式，是用鼻血在額頭上寫下自己的名字（10.33）。

44

> 最古老的咒語!!

西元前4世紀，蓋蒂咒語詩中記錄的咒語
(於塞利農特出土)

④ 個人防禦

ACKI KATACKI AACCIAN
ENΔACIAN EN AMOΧΓωI

阿斯奇・卡塔斯奇・啊一向・
恩達向・恩・阿莫夠矣

古希臘語完整詩句的一部分。雖然具有意義，但是仍存在爭議。它會出現在向阿波羅、阿斯克勒庇俄斯和海克力斯等防禦之神和英雄的祈禱中。

⑤ 壓制敵人

ΤΡΑΞ ΤΕΤΡΑΞ ΤΕΤΡΑΓΟC
ΔΑΜΝΑΜΕΝΕΥ ΔΑΜΑCΟΝ ΔΕ
ΚΑΚωC ΑΕΚΟΝΤΑC ΑΝΑΓΚΑΙ

托拉庫斯、特托拉庫斯、特托拉苟斯！
達姆納梅內烏　達馬頌・得
卡闊斯・阿厄孔塔斯・阿難愾

意思是「達姆納梅內烏斯啊，壓制邪惡之人吧」。
為攻擊性的咒語。
同樣在義大利、希臘殖民地洛克里出土的一塊鉛板（西元前4世紀）上，也記錄了類似的咒語（OF 830e）。

結合④⑤適用於所有時代的咒語

⑥凡事都能使用

ACKION KATACKION ΛΙΞ
TETPAΞ ΔAMNAMENEYC AICION

阿斯芎・卡塔斯芎・里科斯・特托拉庫斯・達姆納梅內烏斯・埃伊頌＊5

這是將上一頁的④⑤結合成一體的簡化版本。
是最著名的古代咒語之一。
個人會將這些字母放入護身符袋中隨身攜帶（就像日本的護身符一樣），
魔法師也會念誦來保護自己。

這類民間咒語可以解決各種日常問題，例如止鼻血、消除針眼等等。

這與日本的「痛痛走開！」類似。

這些聲音會重複，而且是意義不明的希臘語，還會借用其他的語言，有時甚至會向治療之神祈求。

接著就來介紹一些魔法師的高級咒語。

＊5　出現在古代各種文獻中（Anaxilas fr. 18.6-7 K.-A.; Menander fr. 274 K.-A.）。

> 馬上來看看各種不同「治療發燒」的咒語！

魔法師使用的高級咒語
（引用自西元3世紀左右，魔法莎草紙中的咒語）

高級咒語

⑦創作迴文

ΑΒΛΑΝΑΘΑΝΑΛΒΑ

阿布拉那塔那魯巴

> 「阿布拉卡塔布拉！」在現代也是很耳熟的咒語，不過它的原型「阿布拉那塔那魯巴！」出自古希臘。

具有類似「塔科呀布呀科塔」這樣的迴文構造。據說迴文代表字母的自我抵銷，會消除不好的東西（Faraone [2012]）。

⑧迴文＋減退陣

```
ΑΒΛΑΝΑΘΑΝΑΛΒΑ        AVLANATHANALVA
 ΒΛΑΝΑΘΑΝΑΛΒ          VLANATHANALV
  ΛΑΝΑΘΑΝΑΛ            LANATHANAL
   ΑΝΑΘΑΝΑ              ANATHANA
    ΝΑΘΑΝ                NATHAN
     ΑΘΑ                  ATHA
      Θ                    TH
```

除了⑦的迴文之外，還逐行重複字母，直到所有字母消失為止，形成倒三角形。當最後一個字母消失的同時，病魔就會消失。
（字母自毀2次所以效果加倍！）

⑨拉丁語版本

上述的拉丁語版本記載於馬塞盧斯史料當中。

```
ABRACADABRA
 BRACADABR
  RACADAB
   ACADA
    CAD
     A
```

阿布拉卡達布拉

記載於西元13世紀醫學書籍中的「ABRACADABRA」
（收藏於大英圖書館）

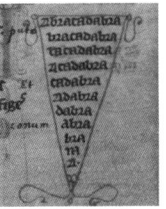

著名的「阿布拉卡達布拉」就是「阿布拉那塔那魯巴」的拉丁語版本。但這只是表面上的迴文，實際上並沒有形成迴文。

⑩迴文的應用（數字）

乍看之下雖然不是迴文，但是念誦完後就會出現迴文數。
希臘字母可以代表數字。
例如，α＝1，β＝2等等。
如果將字母的數值全部加起來，
2＋1＋10＋50＋600＋800＋800＋800＋600
就會變成迴文數（3663）。

B A I N X ω ω ω X
2 + 1 + 10 + 50 + 600 + 800 + 800 + 800 + 600

拜因摳一哦一哦一庫

類似日語「IIKUNI」的發音
可以意指「1192」的感覺。

⑪更長迴文數咒語的應用

更長更複雜的迴文數!!

1 a ω   a ρ B a ρ B a Φ ρ a ρ a Φ ρ a ʒ
10＋1＋800　1＋100＋2＋1＋100＋2＋1　500＋100＋1＋100＋1　500＋100＋1＋60

ρ a θ ρ a θ a ʒ
100＋1＋9＋100＋1＋9＋1＋60

咿啊哦一阿魯巴魯巴呼拉拉呼拉庫茲．
拉土拉它庫茲

全部加起來就會得到迴文數2662。

希臘字母與數字的對應表

λ =1	Z =7	M=40	P =100
B =2	H =8	N=50	C =200
Γ =3	Θ =9	Ξ=60	T =300
Δ =4	I =10	O=70	Y =400	Ψ =700
E =5	K =20	Π=80	Φ =500	ω =800
F =6	λ =30	ϟ=90	X =600	Ϡ =900

你也可以
組合數字，
創造出
最強的
迴文數！

48

⑫ 母音的迴文

會形成母音連續的迴文結構。
共由7個母音組成。
消除熱能（太陽的力量）。

ΑΕΗΙΟΥѠѠΥΟΙΗΕΑ

啊欸欸一咿喔嗚哦一哦一嗚喔耶一欸啊

⑬ 母音的增進陣 PGM XIII 206-208

迴文、減退陣都是相反的力量。
字母會一個字一個字增加，
形成完整的7個母音。

召喚熱的能源（太陽）。

啊
欸欸
欸欸欸
咿咿咿咿
喔喔喔喔喔
嗚嗚嗚嗚嗚嗚
哦哦哦哦哦哦哦

Α

Ε Ε

Η Η Η

Ι Ι Ι Ι

Ο Ο Ο Ο Ο

Υ Υ Υ Υ Υ Υ

Ѡ Ѡ Ѡ Ѡ Ѡ Ѡ Ѡ

使用敘事詩《伊里亞德》的咒語

⑭治療痔瘡　PGM 22a.2-7

ΜΗΝΙΝ ἈΠΌΛΛΩΝΟC ἙΚΑΤΗΒΕΛΈΤΑΟ ἌΝΑΚΤΟC
梅尼那・波羅・諾速黑卡・特貝雷・陶亞・那庫透斯

意指「你射出遠箭,射出阿波羅的憤怒!」*6
對著病人的臀部念出《伊里亞德》第1歌75行。
(將醫藥之神阿波羅打在痔瘡上就能加以消除。)

⑮患者治癒痔瘡後不感恩時

ἌΡ᾽ ἌΛΓΕ᾽ ἜΔΩΚΕΝ ἙΚΗΒΌΛΟC ἨΔ᾽ ἜΤΙ ΔΏCΕΙ;
阿拉魯・給・多科內・科波羅・碎・得替・多碎

意指「為此射出遠箭的你,阿波羅帶來了痛苦,現在將繼續帶來痛苦!」*7
治療者把木炭丟進火裡,將護身符放在煙霧中,加入根,
有一段指示要求寫出《伊里亞德》第1歌96行。
(阿波羅是醫藥之神,另一方面他也是死神。)

*6 《伊里亞德》是希臘最古老的敘事詩。包含下述的咒語,也是作品中著名的先知卡爾卡斯在演講中所說的話(PGM 22a.2-7; Faraone [1996], 84)。

*7 阿波羅是治癒之神,同時也是瘟疫之神。透過這些詩歌,可以了解阿波羅的各個面向是如何被表現出來的,這也是十分有趣的地方(Colins [2008])。

50

「咒語」的理論

話說回來，普通人並不會去理論「為什麼這些咒語具有非凡的力量（魔力）」，而是習慣直覺地使用它們。

人們會說：「雖然我不太清楚，但是它確實存在不可思議的力量。」

然而，魔法師就不同了。為什麼難以理解的文字列及母音串會發揮效果呢？為什麼諸神（或超自然的力量）會以念誦咒語的那一個人為優先，而不是去神殿供奉祭品，還有耐心等待祭日到來的「每個人」呢？

魔法師認為，這就是**「知道祕密」**的力量。

魔法師想出了咒語的理論來實現他們自己的哲學和宗教意圖，而其中之一就是**「咒語是諸神的祕密名字」**。他們認為，迴文、母音的羅列和冗長又無法理解的咒語，就是諸神真正的名字。

也就是說，諸如「阿波羅」、「赫爾墨斯」等一般人所知的諸神名字，不過是人間的通稱，他們在天上都有隱藏的真實名字。

而且，透過念誦最有力且最重要的名字、隱藏在一般認知下的祕密、未經許可不得說出的名字，就是在向諸神呼籲：**「我是知道你祕密名字的人！我具有這樣的特殊知識！」**史料 5 就是一個典型的例子。這是藉由呼喚赫爾墨斯神的真名，使其聽從使喚的咒語。

諸神被叫出「真正的名字」後無法忽視這件事，所以他們會聆聽念誦者說的話，這就是「咒語」的本質。用現代的話來解釋的話，就像你用假名在從事活動時，卻突然被人叫出真名的感覺，一般人都會大吃一驚……心想：「你怎麼知道的!?」這就是古代魔法師在對諸神做的事情。[*8]

*8 西元3世紀，魔法莎草紙中收錄的咒語集中，在其他地方也不斷提及知道諸神的真實名字。「我知道你的名字」(III 665-670)、「我會叫出你隱藏的名字」(216-217)。

52

史料5 召喚魔法之神赫爾墨斯的咒語（西元3世紀）

PGM VIII 1-63

赫爾墨斯

我知道，赫爾墨斯你是誰、

你從哪裡來。

還知道你的家鄉，就在赫爾莫波利斯。

……你的真名，

被刻在你出生的赫爾莫波利斯神殿裡

一塊神聖的石碑上。

> 強調
> 我知道
> 你的真名！

你的真名是，

ΟΣΕΡΓΑΡΙΑΧΝΟΜΑΦΙ 歐碎尬里亞庫・諾馬費[9]

這就是你的名字，由15個字母組成……

我認識你，赫爾墨斯。你也認識我。

我就是你，你就是我。

所以為我實現所有的事情。

給我帶來好運和善靈。

立刻、立刻，趕緊、趕緊！[10]

*9 雖然說是15個字母，但實際上有16個。將外語的咒語翻譯成希臘語的魔法師要不是犯了錯誤，就是搞混了。

*10 「立刻、立刻，趕緊、趕緊！」的發音是「欸─得─欸─得─塔庫、塔庫！」這句在魔法書中也經常出現，它與「急急如律令」有相同的效果，即催促對方加快動作。用現代話來說就是「盡快」。在我周遭的古希臘圈中，會將「盡快」說成「欸得塔庫得」。

和咒語⑫、⑬一樣，連續的 **7 個母音（ＡＥＨＩＯＹΩ／啊、欸、欸、喔、嗚、喔──）代表了地中海太陽的祕密名字。**

西元前 3 世紀，出生於法勒魯姆的學者德米特里斯（Demetrios）寫道，埃及祭司向諸神吟唱頌歌時，都會連續哼唱 7 個母音。

在希臘魔法莎草紙中也寫道：「隨著早晨太陽升起時，模仿狒狒哼唱母音念誦咒語吧！」（這意味著，必須用相當高亢的聲音來念誦，所以可能有點困難。）

咒語⑦「阿布拉那塔那魯巴」也一樣，是一個與太陽相關的名字。

太陽是健康和成長的源泉，卻也是發燒及危險的來源。因此，這個咒語既可以用作正面用途，也可以用作負面用途。

用於削弱對手力量的減退陣時，就會是「治療發燒」；反之用於增進陣時，就是「想向太陽訴說的時候」。

魔法師強調他們知道這些諸神的祕密名字，並且能比一般人更優先地讓諸神實現自己的願望。

54

魔法師為什麼可以立即且格外借助到神的力量，而不是等到日曆上設定的祭日或神諭之日，再祈禱以乞求神的幫助呢？──那是**因為他們掌握了對方（神）的祕密**。這就是咒語力量的本質和結構。

用現代的話來說，就是**「掌握對方個人資訊」**的優勢。

「祕密」不起作用時⋯⋯把上級叫出來！

另一方面，魔法師同時也知道「祕密」的**優勢**和**弱點**。這是因為，咒語只不過是在「強調我知道你的祕密」。也有一些神和人類一樣，覺得**「被別人知道我的真名其實也不會對我造成困擾」**。

為了應付這種時候，魔法師已經準備好第二支箭和第三支箭了。

如果神在第一次沒有做出積極的回應時該怎麼辦？這與人類世界並沒有什麼不同。

55　第 2 章　咒語

魔法師會提出更高次元的其他名字使其服從，也就是說，會把上級叫出來，以命令較小的力量。就像這樣：

「聽我說，我即將念出這個偉大的名字ΑΩΘ（AOTH）。
聽到這個名字每個神都會叩拜，每個神靈都會顫慄，
每個天使都會完成被賦予的工作！
它的名字為7個母音，
ΑΕΗΙΟΥΩ ΙΑΥΩΗ ΕΑΩΟΥΕΗΩΙΑ！
（啊欸欸咿喔嗚哦・咿啊嗚哦欸・欸啊哦喔嗚欸哦咿啊）」

——PGM XII 117-119 [*11]

用現代的話來說，就是**「我會把你的上級叫來」、「我知道你上級的聯絡方式」**。

*11　參考譯文（前野 [2015]）。

而更加無所畏懼的魔法師……**儘管身為人類卻敢於冒用神的名字！就會像這樣：**

「我告訴你，你這個年輕時就被邪惡的堤豐[*12]召喚並接納的人。**命令你的我正是偉大的神，擁有天上的統治權，也是統治冥界諸神的神！**」

——PGM LVIII 8-11

就像這樣，魔法師經常會假設難以預料的情況，心想：「如果咒語行不通的話該如何是好？」總之對他們來說，**咒語並不是念誦完就會自動發揮效果。**咒語的本質在於「持有祕密的力量」本身。祕密可以像魔法一樣讓對方服從，但是對於那些不在意祕密被揭露的對象來說卻起不了作用。

*12 堤豐是希臘神話中最強大的怪物。比整個宇宙更大喔！

57　第2章 咒語

史料6 ZAGOURIPAGOURI 的減退陣

治療發燒
減退陣（SM 11）

ΖΑΓΟΥΡΗΠΑΓΟΥΡΗ
ΑΓΟΥΡΗΠΑΓΟΥΡ
ΓΟΥΡΗΠΑΓΟΥ
ΟΥΡΗΠΑΓΟ
ΥΡΗΠΑΓ
ΡΗΠΑ
ΗΠ ← 結合前方的 Η 和 Π
Ш ← 以獨創字母加以解決

14個字母！是偶數！

魔法師的失敗

咒語不僅告訴我們當時魔法世界是靠著什麼樣的理論在運作，而且還讓我們明白了更深一層的祕密。

這是**魔法師自己都不想被揭露的祕密**。

請參照史料6的「減退咒語」：

「ZAGOURIPAGOURI」。

「ZAGOURI」是發光的東西，而「PAGOURI」則是讓光

58

線減弱的東西。也就是說，這是將相反的意義結合在一起的咒語[13]。將前後兩個相反的意思組合在一起，或許是想要像迴文一樣，讓言詞產生自我抵銷的感覺[14]。

只不過，**這個咒語失敗了。**

魔法師在讓字母減少的時候應該注意到了這一點，就是這句咒語「ZAGOURIPAGOURI」是偶數的14個字母！

如果是偶數的字母，就和迴文不同了，因為不能減少至最後的一個字母。魔法師在第5行的地方可能有想到**「我搞砸了」**，於是他將最後的 η 和 π 結合起來，發明出這裡特有的獨創字母（類似讓 E 旋轉的字母）並克服了難關。

或者是，魔法師一直試圖創作出比任何人都長的迴文卻都失敗了。或許，也有很多例子是魔法師抄寫時犯了拼寫錯誤。

ABΛANAΘANABA NAMAXAPAMAPAXAPAMAPAX
（阿布拉那塔那魯巴・那馬卡拉馬拉卡拉馬拉庫斯）（治癒發燒的減退陣〔SM 11〕）

---

[13] 雖然是用希臘字母書寫的，但意思是亞蘭語。

[14] Faraone [2012].

59　第 *2* 章　咒語

魔法師在看不見的地方不斷摸索試驗，試圖創造更強大、更有效的咒語，卻也反覆地失敗。[*15]

仔細觀察的話，在那些操控諸神以及冒充諸神名字，看似無所畏懼的魔法書墨水中，一定會發現確實沾染了與我們相同顏色的汗水和淚水。

最古老的魔法書與最強大的咒語

雖然魔法師不斷發明出新的咒語，但是**最古老的魔法書**仍然具有影響力。這本魔法書就是在西元前8世紀完成的最古老希臘文學作品，荷馬的**《伊里亞德》**和**《奧德賽》**[*16]。

當時的一般人對荷馬作品十分熟悉，也就是歌誦希臘神話的敘事詩。但是在魔法師眼中，它們卻被當作最古老的咒語書在「使用」。

*15 魔法書中有很多錯字、漏掉的字。但是，如果這樣魔法還是能正常「發揮作用」的話，那就只能繼續使用了。咒語就像這樣逐漸發生變化，或是偏離了原本的樣子，很多咒語都變得無法了解其意義。

*16 《伊里亞德》寫本的片段，西元2世紀，從古老的垃圾堆中被人挖掘出來。

《伊里亞德》寫本

正如咒語⑭、⑮所示，魔法師針對痔瘡會念出「醫神阿波羅」[*17]的詩節加以威嚇，或者反過來對患者使用這句咒語加以恫嚇。他們會像這樣引用符合情況的部分敘事詩，作為咒語來使用。

所以一般認為《伊里亞德》的詩節中，具有改變現實的力量。

有時它也會作為**書冊占卜**，用來預測未來（見附錄）。

話說回來，在荷馬被用作咒語的範例中，施展過最華麗魔法術的魔法師就是巴里納斯了。在上一章中，巴里納斯像一團霧一樣消失在羅馬皇帝面前的咒語，就是這一句。

οὔ μέν με κτενέεις, ἐπεί οὔ τοι μόρσιμός εἰμι.

「你殺不了我。我離死亡（阿波羅神）還很遠！」[*18]

這也同樣是《伊里亞德》中的一節，屬於阿波羅神自己的台詞。

[*17] 阿波羅是醫藥和光明之神，經常出現在魔法書中，是魔法師憧憬的對象。

[*18]「佩琉斯之子阿基里斯，你為何用那樣快的速度追趕我？我這個應死的凡人之身，不知道我是神。看來你還不知道我是神。」（《伊里亞德》22.13）

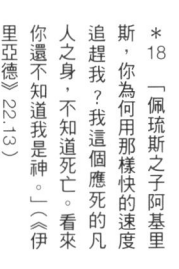

61　第 2 章　咒語

也就是說，到了巴里納斯這個層次之後，不但可以治癒痔瘡和預知未來，甚至**可以用魔法變身為「神」（阿波羅）本人**。

他在剪短頭髮的狀態下，不用任何工具，只靠咒語的力量，便能如阿波羅神一般消失，只留下一句結尾台詞：「各位，別說我的靈魂了，就連肉體都不會被你們捕獲吧？」

專欄 現代人現在想馬上念誦的咒語

想用魔法做的事情無論古今都是一樣的！為大家介紹現在就想立即念誦的古老咒語！

面對討厭上司時的咒語 PGM XIV 451-458

當上級和你發生衝突不願意和你說話時，在上級面前出現前先念誦這句咒語。

>「請你不要追我，你，【上級的名字】啊，我是帕皮培圖‧梅圖‧巴內斯。我運送歐西里斯的木乃伊，將它送到了阿拜多斯，送到了塔斯泰，帶去阿爾庫哈埋葬。**如果【上級】找我麻煩，就把木乃伊扔向他。**」

※這在史料上用多種語言書寫，所以我想即使用日語念誦也會有效。

變成隱形人的咒語 PGM I 222-31

取貓頭鷹的脂肪或眼球、甲蟲滾出的糞球和未成熟的橄欖油，將它們加在一起研磨直至光滑為止。塗抹全身，對著太陽神海利歐斯這樣說：

>「我以你偉大的名字向你發誓，伯路科　佛伊聿路　咿哦　西西亞　阿帕魯科聿庫　圖特　萊拉姆　啊啊啊啊啊啊　咿啊咿咿咿咿　喔喔喔喔喔　咿欸哦—哦—耶哦—耶哦—耶哦—耶哦—耶哦—那聿那庫斯　哎　哎　啊欸哦—啊欸哦—欸—啊哦！」

潤溼藥膏後，再這樣說：

>「海利歐斯大人，請讓我隱形吧，啊欸哦—哦啊欸—欸咿欸—欸—啊哦—，直到日落前，都別讓任何人看到！啪—啪—哦—呼里庫里嗖　欸哦—啊！」

※還有從隱形回復正常的咒語。

可以打開任何門的咒語 PGM XXXVI 312-20

從頭胎公羊身上，取下尚未落地的臍帶，與沒藥混和後，放在想要打開的門閂上，念誦這個咒語後，門就會立即打開。

>「門閂，給我打開，給我打開！門閂，打開吧，打開吧！我是歐西里斯和伊西斯之子，偉大的荷魯斯法老，阿爾克弗雷內普索‧菲利克克。我想要逃離無神論者堤豐。立即、立即，盡快、盡快！」

巴里納斯傳 2 大魔法師現身

斐洛斯脫拉德《阿波羅尼烏斯傳》第8章15節（西元3世紀）

魔法師巴里納斯從羅馬皇帝的魔爪中活著逃脫！——這樣的謠言傳遍了整個希臘。

「聽說他進監獄後被扔進海裡了！」
「他不是被活活燒死了嗎!?」
「我聽說他的脖子被鉤爪刺穿後拖走了。」
「有人說他被扔進了深井！」

然而，他卻完好無缺地實際現身在奧林匹亞運動會上[*19]，他生還的傳言得到證實後，人們隨即興喜若狂。

*19 奧林匹克體育場。石頭就是起跑線。

64

人們從希臘各地蜂擁而至想要見他。從厄莉絲和斯巴達，從隔著地峽的科林斯，甚至還有從伯羅奔尼撒半島另一頭的雅典而來。

在那之前從未聽說過巴里納斯的人，也終於知道了他過去做過的種種傳說。

眾人齊聲問道：

「你究竟是如何逃脫暴君魔爪的!?」

「不……」

魔法師沒有提及自己與皇帝的脣槍舌戰，也沒有提到如何使用魔法瞬間移動從法庭逃離的事情，只用了簡單的一句話回答：

「沒有什麼值得誇耀的法術……完全沒有。[20]」

[20] 然而，無論他如何想要保守祕密，和他在一起的弟子和周遭的同行還是把事情傳開，就像這樣成為史料保存至今。

65　第 2 章　咒語

先行研究

有些人相信魔法和巫術，也有些人不相信。然而在學術領域涉及魔法時有一個好處，就是無論信仰如何，任何立場的人都可以依據史料和物證，平等地參與討論。現在就來簡單介紹一下魔法研究的歷史和現況。

18世紀：開始認真研究古希臘歷史，但是古代魔法長期以來都被視為**「不恰當的領域」**。

19世紀下半葉：開始正式研究古代魔法。社會上依舊強力反對，在大學課堂上並不會公然提及「魔法」研究的名詞，而是用「論古希臘**某些文書**」之類的迂迴表達方式 (A. Dietrich 的講座，參照前野[2015])。

1985年：喬治・盧克（Georg Luck）**《Arcana Mundi》**（意指「宇宙的祕密」）＊21

早期古代魔法研究的最終答案之一。涵蓋了天體相關的魔法、煉金術等所有古代魔法，但是相當難以理解！

1990年代：出現被稱作「新世代」的魔法歷史學家。

1992年：約翰・蓋格（John Geiger）**《古代世界的詛咒石板和束縛咒語》**。

這是黑魔法研究中的不朽成就。詛咒石板是過去這20年來最令人興奮的研究對象且愈來愈受到歡迎。（這本書有日文譯本！）

同年：貝茨（H. D. Betts）**《希臘魔法莎草紙英文版》**（*Greek Magical Papyri in Translation*，暫譯）。

2019年：艾德蒙茲（R. Edmonds）**《Drawing Down the Moon》**。

近期最受注目的研究，全面記錄古代魔法的起源、性質和功能的巨作。它比盧克《Arcana Mundi》（1985）更前進了一步。＊21

2022年：法拉歐內（C. Pharaone）編輯的**《希臘埃及魔法文書集》**（*The Greco-Egyptian Magical Formularies*，暫譯）出版。

新版本蒐集了所有現存的80多份魔法莎草紙，且涵蓋原文、所有資料的解說以及帶註釋的雙語翻譯。這比1992年貝茨翻譯的《希臘魔法莎草紙英文版》更往前推進了。

在日本，前野弘志對魔法莎草紙的研究，以及小林晶子完整翻譯的寶石魔法《石之歌》等，都是走在最前線的研究。我已經針對先行研究的過程做完大略介紹，詳細資訊請參照書末的參考文獻表。

＊21　涉及古代魔法的研究書籍，多數都有非常酷的標題。例如盧克的《Arcana Mundi》在拉丁語中意指「宇宙的祕密」。艾德蒙茲的《Drawing Down the Moon》（拉下月亮）在古希臘是「使用魔法」或「吸引瘋狂」這類的諺語之一。另外法拉歐內的《NECROMANCY GOES UNDERGROUND》（亡靈魔法潛入地下）也很酷。我覺得在魔法研究界中，故意省略「魔法」一詞不加在標題上，感覺起來更像魔法書，這樣不是更酷嗎？所以本書的主標題也才會是《神祕的古希臘》。

第3章 呪術 Katára / Katadesmos

ΔΑΜΝΩ ΔΑΜΝΟΜΕΝΗ ΔΑΜΝΟΜΕΝΗ ΔΑΜΑΣΑΝΔΡΑ ΔΑΜΝΟΔΑΜΙΑ

這些魔法師,敲開有錢人家的大門,讓有錢人相信他們透過活祭和咒語,擁有來自諸神的特殊力量,他們就是如此說道:

「如果你想傷害你的敵人,就讓那個人痛苦吧!只要你能出一點錢,我就幫你詛咒那個人。不管那個敵人是不義之人,或是正義之人,我都會一視同仁地施咒。」

——柏拉圖《理想國》(Res Publica)(西元前4世紀)

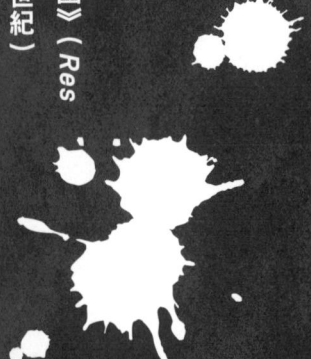

在此向所有曾經想要詛咒某人的大家問聲好！

歡迎來到古代魔法中最黑暗、最冷酷、最具攻擊性的領域**「咒術」**。

在希臘和羅馬世界中，所謂的詛咒（ara）是強烈渴望某件壞事——一般來說是疾病或死亡——能夠降臨到別人身上。咒術（katadesmos）是為了實現這件事而在私底下進行的特定行為。

馬上就來從2400年前的地層中，拉出一個最單純的仇恨結晶來看看。[*1]

下頁的史料1是一盞油燈，上面寫著當作目標的6人之字。但是，為什麼光是寫上名字就能成為「詛咒」呢？祕密在於它的書寫方式。

因為名字是**以亂碼倒著（從右向左）書寫**。

可以看到必須拼寫成「ΑΝΤΙΚΛΕΙΔΗΣ」地方，卻倒著書寫。

例子：ΑΝΤΙΚΛΕΙΔΗΣ

Σ／Η／Δ／Ι／Ε／Λ／Κ／Ι／Τ／Ν／Α

---

*1 本章的知識僅作為知識，切勿付諸實踐。

| 史料1 | 將名字切成碎片的咒術

在油燈上寫上6個人的名字（西元前4世紀）

6名男性的名字被咒術的寫法刻在上面。同時憎恨6名男性的狀態，很可能是出於政治動機的詛咒。

寫在一盞非常昂貴的油燈上。請求詛咒的人不是身分相當高貴的人，就是極度憤怒的人。

寫不下第6個人的名字，所以形成這樣的部分。

參照 Lang [1976]。

① S/E/D/I/E/L/K/I/T/N/A 原名是 Antikleides
② S/A/I/X/A/R/P 原名是 Praxias
③ S/A/L/I/S/E/K/R/A 原名是 Arkesilas
④ S/A/I/K/L/A 原名是 Alkias
⑤ S/E/D/E/M/I/T/N/A 原名是 Antimedes
⑥ S/O/M/E/D/O/L/I/H/P 原名是 Philodemos

請注意名字的字母是倒著寫的！

就像毫無計畫的練字一樣，這裡突出去。

由於左側邊緣對齊，所以應該是從這裡（名字的末尾）開始寫起。可知書寫時倒著寫相當重要。

錯字！

有兩個錯字。這個人連名字都記憶模糊，所以應該沒有那麼仇恨吧！

71　第3章　咒術

意思是**「就像這個名字一樣，你自己的身體也會逆向支離破碎！」**。

上面寫著6名男性的名字，顯示他們是一群政治對手，可能是出於政治動機才會驅使施咒者施咒。由於書寫方式非常簡單，沒有任何計畫，給人不像是出自專業魔法師之手，而是由平民百姓隨心所欲書寫而成的感覺。

古希臘人認為應該要光明正大站上講台，相互辯論，但是在背地裡還是會將政治對手的名字切成碎片埋進土裡。

然而，當你想要施展更複雜的詛咒時，就需要**由專業魔法師製作的「詛咒石板」**。請參照史料2。

詛咒石板

詛咒石板這種咒術，是在一塊名片大小的薄鉛板上寫上咒語後折疊起來，再用繩子綁好或是釘上釘子，然後藏在所有人都找不到的地方。

*2 原本字母可以從右開始書寫，也可以從左開始書寫，但是隨著時間的推移，「從左開始書寫的情形變得愈來愈普遍」。結果，「倒著書寫＝不正常的書寫方式＝咒術的寫法」這樣的概念便誕生了。

順便說明一下，從右開始寫字母時，必須以鏡像書寫（像在鏡中反射一樣左右顛倒的字母）才行。

例如：A B C D （正常）
　　　　↓
　　　D C B A （正常）
　　　（這就是咒術！）

72

史料2 詛咒情敵的詛咒石板
（尼米亞出土，約西元前4世紀）

施術者大概是喜歡上了一個名叫埃涅亞斯的男人，而且似乎還有一個名叫尤布拉的女性情敵。施術者可能是女性，也可能是男性。當時男人之間的戀愛也相當盛行。

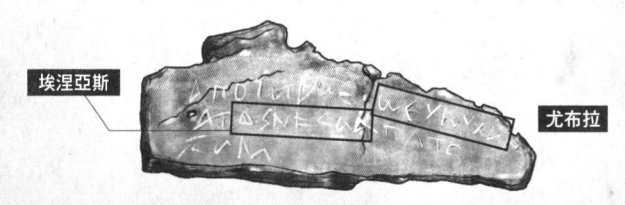

埃涅亞斯 / **尤布拉**

我要將尤布拉（女）和埃涅亞斯（男）分開。

用釘子打入的洞，可以看出是折疊後從上方被打入的。

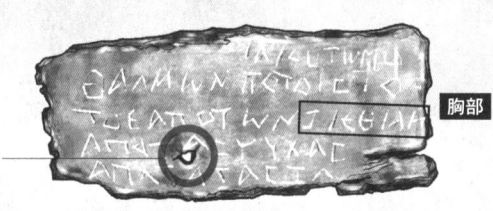

胸部

從他的臉上，從他的眼睛，從他的嘴巴，從他的〔胸部〕，從他的靈魂，

這裡使用的 tiththion（小胸部）一詞，似乎是個古老的俚語。通常會用 tithos（胸部、乳頭）一詞。

約3公分

折疊後直接打入釘子的狀態。

約6公分

從他的腹部，從他勃起的陰莖，從他的肛門，從他的整個身體。我要把尤布拉和埃涅亞斯分開。

※ 收藏於加州大學（Bravo III, J, J [2016]）

第 3 章 咒術

也就是說，那些一直以為不會被人看到的詛咒之詞（包括我們現在看到的史料2），2400年後卻被我們在光天化日之下傳閱了。

書寫的人心裡也許相當複雜。當然，還包括受到詛咒的尤布拉。

此外，詛咒石板還包含了所在地資訊，因為它們被發現的地方，就是魔法師或該名客戶使用後隱藏起來之處，那可是極為私密的古老祕密！這就是詛咒石板的魅力，是乾巴巴的書籍難以具備的。

古代的詛咒石板，至今已經有超過1700片被人發現了，但是數量實在太多，目前的研究仍然望塵莫及 (參照TheDefix資料庫*3)。

詛咒石板的材質和所在地

接著來仔細看看詛咒石板的特徵。

*3 TheDefix資料庫全稱「Thesaurus Defixionum」，蒐集了所有古代世界出版的詛咒碑文，目前收錄超過1700件發現物，並列出了它們的材料特徵（來源、年代、尺寸、材質及考古背景等等）和文本特徵（文本的版本、翻譯及內容特徵等等）。早在2018年，就有人說過「我們將彙集迄今所發現的詛咒石板所有內容並加以出版喔！敬請期待！即將推出！」但是似乎還沒有推出。

● 放置詛咒石板的地方

舉例來說，它們會被放置在河流、地面、海洋、湖泊、棺材和井底等地方。

也可能放在對方的家，或是專門詛咒謀殺的特殊聖地[*4]。

放在墳墓上尤其有效。當時會將墳墓挖開，讓石板夾在屍體右手臂的地方。

這樣一來，死者便會帶著目標一同前往冥界之王的地方（死者被挖出來，而且腋下夾著陌生人的石板，所以應該令人很困擾）。

● 詛咒石板的材料

材質形形色色，包括金屬、寶石、莎草紙、蠟和陶器碎片[*5]。尤其經常會使用鉛，不過主要是出於現實的因素，因為它到處可見且易於加工。還有流傳一種祕方，必須是「從水管中剝離取得的鉛」（對於使用水管的人來說肯定是十分困擾[*6]）。

其次，鉛是一種又重又冰冷的金屬。它與冥界的特徵相似，這點也深受咒術歡迎。

*4 奧菲特士聖地特別著名，是個在聖地外側釘著大量詛咒石板的景點。這類地方在古希臘十分常見。

奧菲特士，神話人物，出生後不久就被蛇勒死了。

*5 但莎草紙、蠟和陶器碎片難以留存至今。

*6 PGM VII 39-404, 429-458.

75　第3章　咒術

類似「希望他的名字也和這些名字一樣冷酷!!」「願它像鉛一樣沉重!」這樣的文言，便象徵著鉛受到歡迎的原因。[*7]

用鉛等材料製成的詛咒石板，再釘上釘子也十分有效果。重要的是，這根釘子要來自與死於非命有關的地方，例如絞刑台或沉船等。[*8]

話說回來，大家是如何發現這1700片具有2000年歷史極其私密的物品的呢？

詛咒石板本質上是刻在金屬板上以便永久留存，而且多數都藏在沒有人會發現的地下深處或井底，所以諷刺的是，直到2000年後的今日，才會在沒有與空氣接觸下完好無損。

想要盡可能長時間強烈詛咒對方的心情，導致我們在科學上得以適當保存的狀態，這點或許是它有趣的地方。

*7 另一方面，同樣屬於金屬的金和銀被用於防禦和治療，並且經常寫上抑制憤怒的咒語（第4章）。此外，鐵也常被用來獲得神論、在賽馬時擊毀馬匹以及解除咒語。

*8 取得釘子的範例：PGM VII 465-466; Apuleius Met 3.17 (above)。

除了釘子以外，用繩子打上365個結，讓咒語在一年內的每一天都解不開。「用黑線打上365個結，將線綁在詛咒石板的外側。」（PGM VII 453-3454。參照Edmonds [2020]。）

誰寫的，寫了什麼？

話說回來，現在就從這些留下來的1700塊詛咒石板，揭開**施術者的祕密吧**！

詛咒石板上有潦草的字跡也有流麗的字跡，有時在同一個地方會發現好幾塊筆跡相同的詛咒石板，甚至還會在同一個地方發現200塊詛咒石板都有相同的筆跡。

這意味著，有一位**專業的魔法師**接到了大量的咒術訂單。[*9]

然而，這些專業的魔法師，多數**都不是具有頂級知識水平的魔法師**。因為很多詛咒石板上，在目標人物的姓名欄位都是空白的，或是「詛咒『某人』」的「某人」沒有經過轉換就直接拿來使用了。[*10]這意味著，魔法師不是做事馬虎，忘記轉換魔法書祕方上「某人」的部分便直接用在顧客身上，不然就是他根本不識

*9 從阿馬圖斯出土的200多塊未經發表的石板中，許多都被指出是用相同的筆跡寫下的相同處方。

*10 迦太基出土的西元1世紀鉛板（DTA230），忘記填寫姓名欄。雅典出土的詛咒石板因目標人物名字太長，而無法寫進預留空位（參照Jordan[1994], [1985]: 161-162）。

77　第3章　咒術

字，於是照著模仿複製出來。

魔法師認為：「如果能事先做好大量只有寫上咒語的詛咒石板，接下來只需填空寫入名字的話，那就輕鬆多了！」（也許一直存在這種想法。）

結果，刻著「某人」的詛咒石板，以及空著欄位的詛咒石板，才會被大量生產出來。

由此可見，詛咒石板屬於一種小規模的地方產業，在西元前4世紀就已經有專業人士（巫師）從事這項工作了。

被施展「咒術」的人會怎麼樣？

但是，這些被人施咒的被害者會怎麼樣呢？西元前4世紀的哲學家柏拉圖，為我們解釋了受到詛咒的人的感觸。

「假設有人無意中在門口、在三岔路，或是在祖墳上看到了一個用蠟製成的詛咒娃娃。我們**不可能告訴這個人忽略這一切，別去在意它**。

因此，任何人都不該嘗試做這類的行為，也不要威脅或恐嚇世上的多數人。

當有人被懷疑因為詛咒、咒語，以及任何形式的咒術，或是類似這種作法的任何方式造成傷害的時候，並且**他又是魔法師或巫師的話——他就應該被處以死刑**。」

——柏拉圖的《律法》（*The Laws*，西元前 4 世紀）

即便他們心中一直認為詛咒並不存在，但是**在面對詛咒時，沒有人能完全忽視它**。某人正在詛咒自己的這件事實，就會對一個人的內心造成極大的束縛（這就是柏拉圖在《律法》一直在討論，應該殺死魔法師的原因）。

自西元前5世紀以後，長達1000年的時間裡，詛咒石板在古代世界不斷被製造出來。這意味著，有客觀的證據足以表明，他們認為詛咒石板具有某些效果（無論他們相信詛咒石板上所寫的不幸會降臨到對方身上，或是他們認為這只是種慰藉）。

因此針對「為什麼可以說古代希臘人一直相信著魔法？」的這個問題，最強而有力的答案，就是如今仍然不斷在發出詛咒的無數鉛板。

召喚冥界諸神

並非僅止於施術者和被害者，還有更可怕的東西——**召喚冥界諸神的詛咒石板**，現在馬上來看看。

請參照下一頁的史料3。這種詛咒石板的特徵，就是除了字母之外，還會用圖畫來描繪**女神**，藉以增強咒術的力量。「什麼!?這幅像昆蟲一樣的圖畫……是女神!?」——沒錯，魔法師正試著盡力畫出**魔法女神黑卡蒂**。由於她本來就是一位擁有三張臉且手持很多物品的女神，所以並非藝術家的人想畫在鉛板上本就是魯莽之舉。

每次提到古希臘人時，都會給人藝術天分優異的印像，就像米洛的維納斯一樣，但是這也讓人見識到一般人繪畫能力在何等水平的現實。[*11]

另外，還有一點也十分有趣，它列出了普通家庭會被小偷偷走哪些物品。

*11 這個黑卡蒂令人敬畏卻也反過來讓人恐懼，所以我認為相當適合魔法。

史料3 將盜賊交給冥界之神的詛咒石板 *12

（西元1世紀）

我，要將那些小偷……

> 屬於冥界的諸神被逐一列出。

申訴的諸神
向冥界之王黑帝斯、
命運女神摩伊賴和冥界女神波瑟芬妮，
以及復仇女神厄里倪厄斯，還有一切有害的存在，
我將登錄並交上去。

自己的地址
我要那些在阿克洛貧民窟街道的小房子裡
行竊的人交出去。

被偷的日用品
鍊子、三條新的白色羊毛地毯、阿拉伯膠的……器具、
白色填土、亞麻仁油、三件白色容器，
洋乳香樹脂、胡椒和杏仁。

詛咒對象
我將把所有拿到此處所列之物品的人交出去。

就交給黑卡蒂!!
天界的女主人黑卡蒂、冥界的黑卡蒂、十字路口的黑卡蒂、
三面的黑卡蒂、一面的黑卡蒂……。

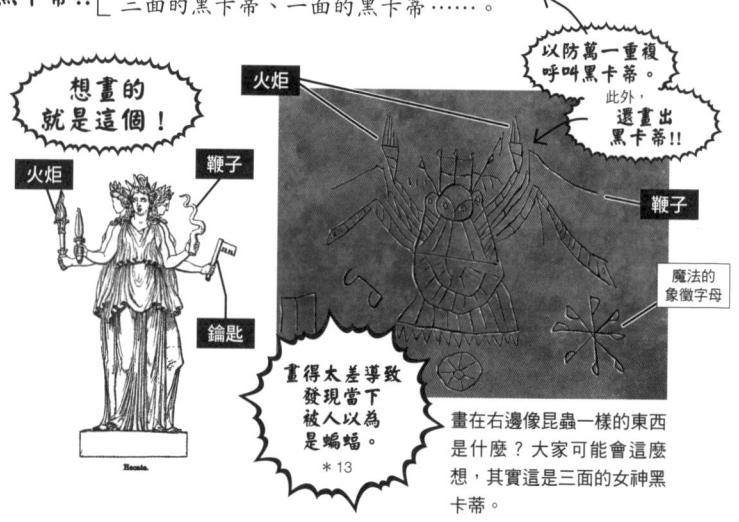

> 以防萬一重複呼叫黑卡蒂。
> 此外，還畫出黑卡蒂!!

> 想畫的就是這個！

火炬
鞭子
鑰匙

火炬
鞭子
魔法的象徵字母

> 畫得太差導致發現當下被人以為是蝙蝠。 *13

畫在右邊像昆蟲一樣的東西是什麼？大家可能會這麼想，其實這是三面的女神黑卡蒂。

82

最終，詛咒石板除了加上字母和圖畫之外，開始變得更下工夫。現在來看看全部加上去的最終樣貌。

請參照史料4。

這是戰車比賽期間，由男性馬車夫所委託的詛咒石板，約西元4世紀，位於義大利羅馬，被埋在阿庇亞道路沿路。*15

由於馬車夫的社會地位屬於奴隸階層，因此不管對手或自己不是奴隸就是被解放的奴隸。

詛咒石板就是像這樣，告訴我們古代的實際情況。這意味著，古代的每一個人都在借助詛咒的力量。

男人、女人、希臘人、羅馬人、埃及人、平民、貴族、不識字的人、哲學家、奴隸……從那時起所有階層的人都在詛咒某人。

當時，一般人一直以為魔法是女性才會做的事情，但是事實卻並非如此。實際上也有許多男性委託人（史料4尤其顯著）。

*12 於雅典市集被人發現。來自當時的一口古井。想必是施術者丟進去的。
*13 Elderkin [1937]; Gager [2015].
*14 參照Elderkin [1937]。
*15 Gager [2015].

83　第 3 章　咒術

史料 4

對付競賽祭對手的詛咒石板（393年）

A 象徵符號（西元2世紀以後）。擁有特殊力量的「記號」。

連續的母音（啊啊啊啊啊啊啊欸欸欸欸欸欸欸—欸—欸—欸……）。透過字母配置形成正方形。

B

C

21公分

被蛇纏繞的對方。

字母都扭歪了！（每一行字母都是上下顛倒，也會把你的身體像這樣綁起來！）

13公分

出處：Richard Wünsch, *Sethianische Verfluchungstafeln aus Rom*, 1898.

右側為古希臘語的部分翻譯

> 列舉出諸神的「真名」（參照第2章）

「**耶烏拉蒙**，束縛吧。
**威斯里・威斯里・阿菲・
威斯里・穆內・弗里**！

（諸神的名字）

異教諸神的名字
・威斯里（歐西里斯）
・穆內（穆內菲斯）
・阿菲（阿匹斯）

借助冥界的力量，
也要將你召喚出來，**大天使**。

> 基督教《聖經》的影響

以母親的名字指名，而不是父親的名字

冥界是與人間顛倒的世界。並非以男性為主導地位，而是以女性為主導地位，所以是以母親的名字指名。

將無禮且殘酷，
由可惡的**波爾根提亞**
所生的**卡爾德羅斯**，

（母親之名）
（欲詛咒的對象）

交到你手上，讓他躺在刑訊的床上，
品嚐邪惡死亡的懲罰，
並讓他在5日內死去！
快點、快點！……神聖的耶烏拉蒙，

神聖符號 Ⓐ，以及左右兩邊的神聖輔助者 **Ⓑ**，
還有這塊詛咒石板上所畫的
神聖的魔法陣 Ⓒ……」

85　第 3 章　咒術

每一句牢騷都像垃圾一樣被人丟棄，無人關注，無人嘗試與之對話，但是它卻告訴了我們真相。

——**事實上每一個人都在詛咒！**

如果1700塊普通人的詛咒之聲匯集在一起，甚至能把釘子釘入像這樣收藏於圖書館中堅實的古典文獻上。

什麼是「好的咒術」？

正如我們目前所看到的，咒術是種可怕且希望造成別人不幸的邪惡魔法。然而，與直覺相反的是，通常在使用過於極端的詛咒時，它又可以歸類為「好的咒術」。

會有這種事嗎？——如果我們將魔法分為以下兩個領域來思考看看，就可以理解這一點。

A 對當前的狀況施咒（現在我要詛咒你！）

B 對附帶條件的未來施咒（我要詛咒毀壞這座墳墓的人！　諸如此類）

A是我們到目前為止所看過的情況。那是為了擺脫現在的不幸處境，而直接施展的詛咒，意思是「你現在就得死！」。這就是有害的詛咒。

然而，B的情況並非如此。它用於未來可能會發生的事件，例如「我要詛咒毀壞這座墳墓的人」。

這個詛咒真正成功的條件是什麼呢？

毀壞墳墓並不會讓人死於非命。**任何人都不會去毀壞墳墓。這種目的在於勸阻對方的咒語就是「好的咒語」**，在古希臘經常被使用，是一種被社會接受的咒語。

在現代，它可能類似「偷東西的話就要報警」。

在古代，這種對附帶條件的未來施咒，是為了勸阻對方，因此往往更加極端，更加不道德，更加誇張。

87　第3章　咒術

請大家參照史料5。

「當德爾菲的阿波羅神殿周遭爆發戰爭時，我們結成了盟友，所以不要發動戰爭！」這是一個經常在這種情況下被人引用的盛大咒術。

意思是**如果破壞聯盟，這就是將降臨到你頭上的詛咒！絕對不要破壞聯盟！！**

當然，這個咒術的成功條件並非如字面所示：對方的城市將變成死亡之地。

現在的目的是要避免戰爭。

這種對附帶條件的未來施咒，目的是勸阻對方，所以會用更誇張的表現方式放在公開的場所──直接展示在墳墓前、碑文上、廣場上！（警告千萬別這麼做！）

另一方面，Ａ對當前的狀況施咒，也就是邪惡的咒術，就像目前我們見過的一樣，屬於抑制型的實用性質。不知道是什麼人做的，但會私底下偷偷進行。

＊16 古希臘最神聖的聖地，神話中的阿波羅神會在這裡向人們傳達神諭。

88

| 史料5 | **對附帶條件的未來施咒
埃斯基涅斯「彈劾泰西封」** | （西元前4世紀） |

**想要守護
的東西**
> 過去我們的祖先遵從神諭，
> 集結近鄰聯盟的力量，
> 將人民當作奴隸，摧毀港口和城市，
> 並將這片土地獻給了阿波羅神。

**第一咒術
（誓言）**
> 此外，我們的祖先也立下了莊嚴的誓言。
> 不允許自己或任何其他人耕種聖地，
> 而是用盡手、腳、聲音和力量守護阿波羅神與其聖地。

**第二咒術
（疊加）**
> 但是他們並不滿足於這個誓言，
> 還在這裡加上了更強大的詛咒。
>
> 「如果有人違背這個誓言」，
> 「無論是一座城市、一個人還是一個部落，
> 他都將被置於阿波羅、阿提密斯、勒托
> 以及雅典娜普羅奈亞的詛咒之下。」
>
> 「這個人的土地永遠不會結出果實」，
> 「妻子會生下怪物孩子」，
> 「家畜數量完全不會增加」，
> 「在陣地、法庭、市場
> 全都會遭遇失敗」，
> 「他的家和整個家族都會遭受徹底的滅亡」。
> 而且「阿波羅、阿提密斯、勒托和
> 雅典娜普羅奈亞絕對不會接受他的懇求！」

> 對未來施咒都是
> 為了勸阻對方，所以
> 往往會更加悲慘、
> 誇張、極端！

**附帶條件
的未來**
> 如果你想要證人，就讓他們讀一讀過去的神諭，
> 讓他們聽一聽這個詛咒，讓他們回憶起
> 你的祖先與近鄰聯盟一同立下的誓言！

咒術的故土——平等

一般常說古希臘精神的特徵，是**「競爭」**和**「民主」**的精神。每個人都有平等的機會，大家透過競爭切磋琢磨，創造出更美好的事物。[17]

這些通常都被寫成是一件好事。然而，咒術的物證卻證實了負面的一面。

在競爭的社會中，一個人的勝利就是另一個人的失敗。這種零和賽局的社會，是邪惡咒術容易施展的土壤。

用嫉妒的眼神看著身旁的成功者，這種**「邪視」**（evil eye）就是咒術的根本力量。

如果從一開始就存在等級制度的話，那麼這種嫉妒的感覺——「我應該也能擁有同樣的東西！」就不會湧現。

---

[17] 希臘最早期的詩人海希奧德（Hesiod，西元前8世紀左右）提到，競爭心理為所有希臘文化的根源。

「當一個不工作的人看到其他人，也就是熱衷於耕種、整理房子的有錢人時，就會嫉妒這個人。這種競爭對人類來說是好事。鄰居嫉妒鄰居，積財富的鄰居。陶工對陶工生氣，建築師對建築師生氣，乞丐對乞丐怨恨，詩人對詩人怨恨。」（《工作與日子》第11-24行）

鬥爭（厄莉絲）是宇宙的原始力量之一，它會驅使最無助的人努力工作。

90

每個人應該都平等享有的可能性，他們卻想透過不正當手段操控這些機會，削弱競爭對手的優勢。在戀愛、職場、奧運會、戲劇和法庭上，在所有生活中要一決勝負的場合。

如果無法透過努力這種「正常的方法」取得勝利的話，那麼就只能借助**不正常的力量**——也就是**咒術**。

現代的我們也同樣處在競爭的世界當中，而咒術則擁有最強大的力量。

黑卡蒂的履歷

姓名 魔法女神 **黑卡蒂**

在許多魔法師講述的希臘神話中，她是宇宙的最高統治者！

簡介

在一般的希臘神話中幾乎不會引人注目的善良處女神。她是掌管女性生產及變化，還有月亮的女神，也是魔法和幽靈的女神。[18]
她在魔法師背地談論的神話中是**最強大的**。

所持物品

\ 最強神具 /

①支配萬物的權杖〈達姆納梅內〉

這是過去至高神克洛諾斯賜予她，能讓萬物服從的黃金魔法權杖。
克洛諾斯親自在表面刻了下述服從咒語：

ΔΑΜΝΩ ΔΑΜΝΟΜΕΝΗ ΔΑΜΑΣΑΝΔΡΑ ΔΑΜΝΟΔΑΜΙΑ

（這是）征服者、人類的女性統治者、統治統治者的人（的權杖）。[19]

Δαμνώ Δαμνομένη Δαμασάνδρα Δαμνοδαμία

如字母所示，甚至可以讓現任至高神宙斯服從於她。而且還附帶宙斯本人絕對無法使用的機關！（因為是指定**「女性統治者」**，所以只有女神可以使用！[20]）

②永恆的王冠

這頂王冠承諾將永久統治被征服和束縛者。

③克洛諾斯不朽且牢不可破的鎖鏈

讓被征服的人絕對無法逃脫的束縛鎖鏈。

還會帶著火炬、鑰匙和鞭子等魔法物品。

三面黑卡蒂
黑卡蒂經常表現為三面女神。

解說

黑卡蒂是「統治者的統治者」，也就是命運的支配者。希臘神話中的至高神縱觀古代皆為宙斯，但是魔法師一直在尋求方法加以對抗這種絕對的王權、無法逃脫的命運。而黑卡蒂是一位完全充斥著魔法奧妙和魔法師夢想的女神。

來自魔法師的評價

「妳（黑卡蒂）夜復一夜守護著大宇宙，神靈和不朽的諸神在妳面前都會顫抖不停……。妳甚至行走在奧林帕斯的天界上，也走在比冥界更深的深淵裡。妳是開始也是結束。只有妳才能統治萬物。」

——PGM IV 2785

狄俄涅、倪克斯和佛波斯這三個神合體後，形成「三面黑卡蒂」的魔法三角形石板（青銅製，帕加馬，西元3世紀）。正中央有一個洞，推測曾用於魔法儀式。＊21

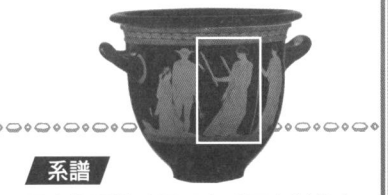

系譜

巨人族阿斯忒里亞和珀耳塞斯的女兒，阿提密斯和阿波羅的表妹。＊22

＊18　在古希臘的觀念中，未婚或未生產便死亡的女性會變成「女巫」（亡靈），並在死後成為服侍黑卡蒂的人。

＊19　以下是關於所持物品的原文：「妳額頭上戴著永恆的王冠，妳手上拿著偉大克洛諾斯不朽且牢不可破的鎖鏈，以及黃金的權杖。克洛諾斯親自在權杖周圍刻了下述文字，賜予了妳。達姆諾。達姆諾梅內。達姆那薩恩多拉達姆諾達米亞。甚至讓混沌服從於妳的人。」(PGM IV 2785-2890; Hymn 18.39-41)

＊20　在希臘神話中，克洛諾斯的幾個兒子宙斯、波塞頓和黑帝斯偷走了宙斯的武器鐮刀，害宙斯失去王位。不過根據權杖上設計了只有女神能使用的機關，所以並沒有成為三位神的東西，這點是十分巧妙的設定。讓人不禁想像，諸神使用宙斯的雷電、波塞頓的三叉戟和黑帝斯的權杖展開戰鬥。

＊21　Jackson K. 'She who changes' (Amibousa): a re-examination of the triangular table from Pergamon. *Journal of Roman Archaeology*. 2012.

＊22　海希奧德《神譜》404-492；阿波羅尼鳥斯《阿爾戈英雄紀》3,467的古代註解。

93　第 3 章　咒術

巴里納斯傳 3 大魔法師大戰吸血鬼

斐洛斯脫拉德《阿波羅尼烏斯傳》第4章25節（西元3世紀）

大魔法師巴里納斯的冒險仍在繼續。這是他最著名的故事，接著就為大家介紹他與女吸血鬼拉米亞的戰鬥。

有一次，巴里納斯久違地拜訪了他的學生，哲學家梅尼普斯（Menippos，25歲）。巴里納斯盯著他觀察了一會兒之後，接著便激動地脫口而出一句失禮的話：

「你是一個眾多美女都無法忽視的美少年。但是你現在被惡魔詛咒了。你正在和一名女性交往對吧？你覺得她愛你嗎？」

94

「你在說什麼!?」梅尼普斯感到很驚訝,「不管怎麼看她都是愛著我的!她就是戀愛中女孩的模樣!」

「你打算結婚嗎?」

「當然了!還有什麼比娶自己心愛的女人更幸福的呢?」

「……婚禮在什麼時候?」

「明天我就打算要結婚了!」

巴里納斯聽完他的愛情告白後便離開了——正確來說是假裝離開,然後等到婚禮當天,再**混進喜宴當中**。

「那麼,配得上和你結婚的美麗新娘究竟在哪裡呢?」

「她人就在這裡!!」梅尼普斯紅著臉指著新娘。

巴里納斯望向新娘，以及據說是她帶來擺滿宴會廳的金銀和種種華麗裝飾品，一面說道：

「為什麼你沒有察覺到？這是『坦塔洛斯的花園』。」*23

巴里納斯說，這是一種幻覺的咒術，能讓人看見美麗的外觀。

那是存在卻又不可能存在的東西。

「──你那邊的新娘也是。只有美麗的外表，內在卻是一個吸血鬼！」*24

「魔法師，請你管好你的嘴！」新娘大喊，「就是有你這樣的人，總愛長篇大論說此廢話。究竟你有什麼證據？」

「好吧，就讓我證明給大家看。」

*23 坦塔洛斯是神話中在冥界遭受刑罰的罪犯，他的手永遠都在伸向花園裡看似可食用卻吃不得的果實。英文單字「tantalize」（吊胃口、惹弄）就是由此而來（荷馬《奧德賽》11.582-92）。

*24 拉米亞。女吸血鬼與怪鳥賽蓮和狼人不同。巴里納斯解釋道，女吸血鬼愛著人類，她們熱愛性交和人肉，並利用性愛來捕獲受害者《阿波羅尼烏斯傳》的同一個地方）。

巴里納斯觸摸並舉起眼前的金杯後，金杯立刻消失了，就像陽光投射出來的影子一樣。

金杯與銀杯皆為幻覺。就連送杯子的侍者，還有廚師，甚至是僕人，都在巴里納斯強而有力的指尖觸碰下逐漸消失了。原來一切都是幻覺。

「住手！你這個魔法師！為什麼要阻礙我？住手！」

最後當他的指尖朝向女吸血鬼的時候，她假裝哭泣，又威脅他，懇求他不要暴露她的本性。

然而，最後她坦承她一直給予梅尼普斯愛、奢華和快樂，都是為了享用他年輕又美麗的身體。

這是發生在希臘中部城市科林斯的一起事件，當時的人們似乎都知道這個耳熟能詳的巴里納斯傳說。

巴里納斯用權杖指向拉米亞的插圖。Paul Christian (Jean-Baptiste Pitois) - *Histoire De La Magie*, 1870.

第4章 對抗黑暗魔法的防禦術 Provascania

史料1 黃鐵礦與紅鶴的護身符
《希臘醫藥編纂》（*Cyranides*，暫譯）西元1世紀左右

「在黃鐵礦上雕刻一隻紅鶴，在牠腳下雕刻一隻蠍子。
另外在石頭的背面放置一些戈爾戈奈昂植物[*1]的根。
只要戴在身上，就可以保護你免於所有有毒生物的傷害。
還可以在晚上遠離幽靈，對患有尿道結石的人也有效果。
此外，它還能保護你免於一切邪視（咒術）的傷害。

防禦術的理論

「類似的東西可以讓類似的東西造成影響（同調／相似性）
的魔法。」
閃閃發光的黃色石頭類似蠍子、尿液等，可以針對解毒和尿
道問題發揮作用。此外它還刻有增強力量的魔法圖案（擊退
蠍子的紅鶴）。[*2]

*1　戈爾戈奈昂是一種神祕的植物。
*2　*Cyranides* 1.7.17 -; Edmonds [2019] cp.5.

「**黑魔法防禦術**」是《哈利波特》小說系列在魔法學校裡所教授的一門課程名稱。

但是對於古代地中海的人來說（甚至在今日），卻是一項在現實中不可或缺的技術。因為詛咒石板和其他咒術，會以這個激烈競爭的社會中所產生的嫉妒和仇恨為養分，不斷地針對被詛咒者。

防禦是必要的。我們需要一門能夠對抗邪惡魔法、病魔，甚至於天災的綜合防禦術！

歡迎來到**防禦術（Provascania）** 的世界。

在這裡，我將從簡單的手勢和植物的防禦開始，再談論到最高領域的「**寶石魔法**」！

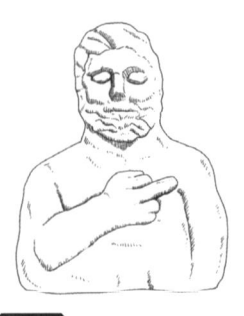

防禦等級1：手勢、植物

●豎中指

咒術的基礎是**邪視**（用嫉妒的情緒看著對方），而阻擋邪視最基本的手勢就是這個。**豎中指！(史料2)** 是用手指的形狀表示男性生殖器的動作。

當時，一般認為勃起的男性生殖器具有避邪的力量，因此大家會將仿照男性生殖器的吊墜掛在脖子上作為護身符，或是擺放在家中（史料3）。

史料2

羅馬時代的石像。在現代，與其說是咒術，這更像是一種不該做的手勢，所以各位善良的現代人，即使在與人來往時受到詛咒，也請不要做出這個手勢喔！

*3 Roman stone busts from Bar Hill Fort, Scotland.

*4 希臘作家普魯塔克（Plutarchus）表示：「據說擁有邪視的人會從體內射出毒箭。」「致命光線的主要來源是眼睛……」（《道德小品》（Moralia）第7章）。

史料 3

在空中飛舞的叮噹風鈴，拉丁文為 *chinchin nabulamu*。除了外觀嚇人之外，發出的聲音也具有強大的驅邪效果 *5

● 吐口水

一鼓作氣地吐口水。自古以來人們便相信口水具有治癒和驅邪的力量，所以會吐 3 次口水用來防禦邪惡的東西。

「在當今這個時代，怎麼能做出這樣的事情呢？」而且我相信絕對沒有一個善良的現代人會……（以下省略）。

在現代，豎中指並大喊「走開！」再吐口水算是不良行為，但是在古希臘卻會給人有些田園詩般的印象，覺得你是「非常怯弱和迷信的人」（對方會認為你遭到邪視了）。

在古代如果遭到邪視，就會用手指做出男性生殖器的樣子，同時大聲喊出「走開！」（梅托洛易蹄斯）。*6

如果這麼做無法阻擋時，就要嘗試另一個手勢。

---

*5 另外還有許多物品至今仍然存在。在拿坡里國立考古博物館的「祕密房間」裡，有一個房間蒐集了許多這樣的情色物品（老普林尼《博物志》7.16-8, 28.39）。

*6 在現代，你的社會性會受到質疑，所以絕對不要做這種事。

103　第 4 章　對抗黑暗魔法的防禦術

另外，有時不只會向對方吐口水，還會往自己的胸口吐口水。例如，當你在街上而左側有人打噴嚏時，即使是成年男性也會覺得不吉利而全身發抖，所以為了防止髒東西沾到自己身上，會在衣服底下「呸！呸！呸！」地吐3次口水。[7]

●其他動作、咒語和植物

在古希臘與人來往除了人類的邪視之外，也充滿了不祥的預兆。

走路時一隻黃鼠狼可能從你面前橫越。即使在今日，有時也認為黑貓穿越是不吉利的事，但是在古希臘並沒有養貓習慣，所以黃鼠狼便充當了這個角色。

在這種時候，可以等待某人代替自己通過（讓那個人變成替身），或是向馬路的另一邊扔3次石頭。

在晚上聽到貓頭鷹的叫聲時，則會念誦：「我身邊有強大的雅典娜！」

另外，大家認為大蒜及蔥科蔬菜具有強烈的氣味可以驅邪，所以將它們當成項鍊戴也能看出效果。[8]

---

[7] 即使是到了現代，仍有人習慣在砍柴等用力的時候，往手掌吐口水。一般來說，這只是完全無意識或戲劇性的動作，但是從根本上來說，其與古代人對口水的感覺一樣（泰奧弗拉斯托斯〈The ὀphrastos〉《人物誌》〈Characters〉16節）。

順帶一提，從左邊來的任何東西都是不吉利的，但是從右邊來的任何東西都是吉利的（Nicolson〔1897〕）。

[8] 看到貓頭鷹飛翔是吉兆，但是聽到牠的叫聲卻是凶兆。一般認為狗可以第一時間察覺到幽靈接近了，因此在古代的夜間街道上一定會帶著狗同行。

在日本也經常在感冒時用蔥科蔬菜包裹身體，而古代人會用大蒜或韭菜（西式青蔥）圍住身體以阻擋疾病和

然而，手勢、咒語和植物雖然可以在每一個瞬間加以應對，卻無法持續。相對來說，對你懷抱著強烈怨恨的某人，會在一塊堅固的鉛板上刻下詛咒，釘上釘子，在可以永久存留到2500年後的土裡施咒術。

所以更持久的防禦術——**「護符」（護身符）**是有必要的。

邪氣（泰奧弗拉斯托斯《人物誌》16節）。

史料4 陶器碎片護身符
破除所有咒術護身符
PGM XXXVI 256-

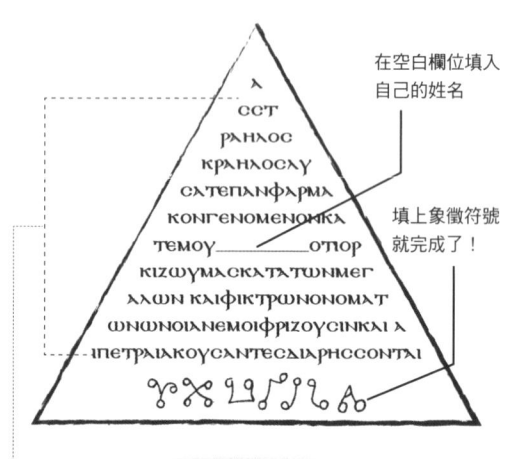

在空白欄位填入自己的姓名

填上象徵符號就完成了！

防禦等級2：陶器碎片

作者製作的複製品

作法

・站在三岔路口。
・用左手撿起三角形的陶器碎片。
・用沒藥的墨水寫好下述內容再隱藏起來。

> 「阿斯斯托拉欽―羅斯‧庫拉欽―羅斯。我，向【自己的名字】解除所有詛咒。
> 我召喚你，吟唱你偉大且可怕的名字，僅僅提及它就能嚇倒風雨、震裂岩石。」

最後填入卡拉庫特勒斯（魔法用的象徵符號）就完成了！

106

史料4是可以完全破除針對自己的「髒東西」（咒術＋不祥之物）的護身符。只要有了這個就可以保護你免於各種髒東西的傷害。

這樣說來，只要有一個護身符不就行了！雖然大家會這麼想，但是陶器碎片護身符有一個很大的弱點——**要是損壞就完了！**

雖然在三岔路口撿到的三角形陶器碎片具有力量，但是從物理上來說它就只是陶器而已。如果掉在地上摔壞了，一切就完了。

就算它沒有摔碎，它的力量可能也不如寫在鉛上的咒語。

例如，詛咒石板上有時會預料到防禦術，並寫上**「破壞所有防禦！」** 這類的咒語。

話說回來，「破除一切防禦」的咒術，和「防止一切咒術」的防禦術，究竟哪個更強呢？這顯然取決於材料的強度。

為了更堅強地防禦，人們才會尋求更堅固的材料。究竟誰能戰勝對方——咒術與防禦術就此展開了無止盡的戰鬥。

*9 三岔路口、四岔路口是象徵「突然相遇」的地方。換句話說，就是古代人認為容易發生吉凶之地，一般被視為最適合施展魔法的地方。有時還會建造魔法之神赫爾墨斯和魔法女神黑卡蒂的雕像。

107　第*4*章　對抗黑暗魔法的防禦術

> **資料5** 【金、銀】
> 對付所有追擊者、山賊、
> 恐懼和惡夢的防禦術

(約西元3世紀)

PGM X 24-

魔法莎草紙（實物）／大英圖書館

刻在金或銀的薄板並戴在身上。

防禦等級3：金、銀

按照莎草紙重現護身符就是這個樣子。

迴文、阿布拉那塔那魯巴①

象徵符號

③是母音的迴文
啊欸欸—咿喔嗚
哦—哦—嗚喔咿
欸—欸啊

象徵符號

咒語、阿庫拉馬卡馬雷②

據說史料5能夠防禦惡夢、恐懼以及其他任何東西，而且用金屬板製成的護身符效果最好。

這些金銀板的護身符價格昂貴，所以有些是由父母傳給孩子。例如，從西元3世紀奧地利的一座墳墓中發現的銀製護身符上，便這樣寫道：

從內文就可以知道，這是一個偏頭痛的護身符。

「阿提密斯女神命令你，偏頭痛，不能進入頭部的一側！」 [*10]

顯然是用西元前1世紀的文法寫成的，但是300年後才在一座墳墓中被人發現。

偏頭痛有時是家族遺傳，所以也許這個護身符已經在家族中一代又一代地精心傳承了……從單純的一片護身符中就能浮現出這樣的背景因素。

然而，護身符的最高境界還有更高層次，就是由**這世上最珍貴的物品作為材料製作的時候**。

什麼是銀的護身符……

銀板上寫的內容
「用於偏頭痛」
安陶拉（引起偏頭痛的神靈）從海中出現。
她像鹿一樣喊叫，像牛一樣哭嚎。
以弗所的阿提密斯遇見了她並問道：「安陶拉，妳要上哪去？」
安陶拉說：「我正在試圖進入頭部的一半。」
阿提密斯說：「不行。妳不能進入頭部的一側。」

*10 Kotansky [1993].

防禦等級4：寶石魔法

防禦術的最高境界是**「寶石（礦物）魔法」**。

在五顏六色的昂貴寶石上雕刻魔法圖案，當作「魔石」戴著身上，有時也會視情況將寶石壓碎後吞下。

除此之外，寶石甚至可以扔進火裡產生煙霧，發動更強大的魔法。

首先，請大家來聽一首古代寶石魔法師在歌頌這種魔法有多麼強大的詩歌。

魔法歌《石之歌》（西元5世紀）開頭

「這是遠離災禍的神宙斯所賜予，
這是幸運之神赫爾墨斯賦予人類的力量。

我只會告訴聰明、善良、順從諸神的人。

愚者永遠得不到的完美庇佑。

「如果你了解石頭的力量，

就不用再害怕家中的病魔、外面的暴力。

站在塵土飛揚的戰場上，

沒有對手會想要挑戰擁有這種力量的人。

即使你的對手是擁有青銅般身體和鋼鐵般意志的男人。

因為魔法師會用獅子來對付住在山中的野獸，

對人們來說他可以變成像神一樣的人。

如果你希望的話，你就能知道一切。

包含人們內心策劃的祕密，

以及天空中飛翔鳥兒哼唱的，人類無法理解的鳴叫含義。

還可以遮蔽蛇在地面上爬行的聲音，消除蛇的毒液。

甚至於拯救那些暴露在月亮下起瘋癲之人，拯救患有不治之症的人。

不，死人的靈魂會從死者國度（黑帝斯）遊蕩出來，如果它傷害了你，還能將它趕走。

告訴你吧，紅珊瑚是所有石頭中防禦力最強大的石頭……」

歌頌了魔法師指尖上，五顏六色的戒指在閃閃發光。

替身石、紅珊瑚、預知石、磁鐵礦。消失無蹤的血石！

只要有七色寶石與增強力量的魔法圖案組合在一起，魔法師就能無所不能。[*11]

現在就帶大家來看看一些具體的組合。

*11 巴里納斯魔法師也戴了一枚鑲有七顆寶石的戒指，與行星相對應。太陽—金；月亮—銀；土星—黑曜石；火星—黃綠色縞瑪瑙；金星—鍍金青金岩；水星—綠松石；木星—深藍色石頭（行星與對應的石頭〔PGM CX 1-12〕）。

史料6

古代寶石魔法一覽表
―對應的現代誕生石―

古代人會將寶石掛在脖子上作為護身符，
在魔法師使用的魔法中，屬於寶石魔法的部分。
這裡按照現代誕生石的順序排列，以便於理解。*12
請大家一定要參考看看自己的誕生石在古代魔法中是如何運用的！

― 鳥
― 頭盔

1月　勝利之石

石榴石（Garnet）

在古代主要的效果
- 攻擊敵人。
- 防止船隻遇難。
- 讓持有者充滿魅力。
- 在危機時提供各種援助。

✲ **魔法的作法**
只要刻上雅典娜女神右手拿著鳥、左手拿著頭盔，就能在戰鬥中獲勝。

偽蘇格拉底和狄奧尼修斯《論石頭》（西元前2世紀）29。

解說
意指所有像燃燒的煤炭一樣鮮紅的石頭，尤其多數石榴石為鐵鋁榴石。

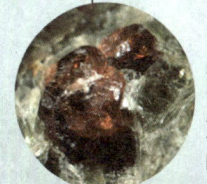

― 雅典娜（希臘神話的戰神）

＊12　古希臘的礦物分類和名稱與現代並不相同，研究時是挑選了可能相符的礦物。另外要請大家注意，當時並沒有與誕生石相對應的說法。在此列舉出16世紀以後近代與現代的誕生石。誕生石一覽表參考來源：Kunz[2011]；日本珠寶協會官方網站。

> 不管對手多強多有勢力、都能勝出的石頭。

χαλκηδών

113　第 *4* 章　對抗黑暗魔法的防禦術

> 「所有染色師都在追求,並渴望超越的極致紫色。」
>
> ——老普林尼《博物志》(西元1世紀)

✻ 魔法的作法
雕刻太陽和月亮,與狒狒的毛和燕子的羽毛一起掛在脖子上。反擊所有邪惡的詛咒。

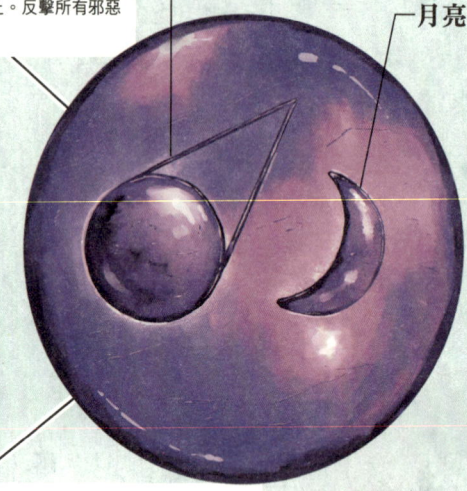

— 太陽(古代常這樣描繪太陽)

— 月亮

✻ 魔法的作法
據說魔法師只要念誦咒語並焚燒這顆寶石,甚至可以操控天氣,免於冰雹和蝗蟲的災害。另一方面,如果把它加到葡萄酒裡飲用就能避免酒醉。對於不會喝酒的人來說是一塊令人期待的石頭。＊13

> 總之為了操控像天氣這樣重大的事情,必須用掉一整顆寶石,相當花錢!

2月 紫水晶(Amethyst)
守護尊貴的人!

在古代主要的效果
・防禦黑魔法。
・操控天氣。
・避免酒醉。

ἀμέθυστος

解說
紫色在古代是最高貴的顏色。
深紫色的效力強大,價格也昂貴。

＊13　老普林尼 [1986] 37.121-124。老普林尼本身屬於否定魔法的那一派,所以他批評說:「提出這種言論是對人類的嘲笑。」

3月 魔法師的寶石！
血石（Bloodstone）

> 「世界上沒有比這個更好的東西了。必須藏起來、藏起來，藏在秘密的地方，當作偉大的奧祕！」
>
> PGM XII 201-69

在古代主要的效果
- 探查隱藏的東西。
- 變成隱形人。
- 隨意操縱他人。
- 解鎖所有的門。
- 破壞鎖鏈、岩石和詛咒。
- 只要遮住太陽念誦咒語，就能無所不能！

解說
在古代被視為極具魔力的石頭，被賦予了各種作用。是一塊可以反射太陽光線顯示行星路徑，以及探測日食的石頭。

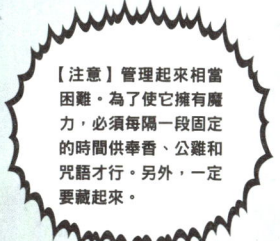

【注意】管理起來相當困難。為了使它擁有魔力，必須每隔一段固定的時間供奉香、公雞和咒語才行。另外，一定要藏起來。

應用魔法1 隱形人
據說只要和植物香水草一起念誦咒語的話，佩戴者的身體就會隱形。是一塊能讓人變成隱形人的石頭。
（老普林尼《博物志》〔西元1世紀〕37-60）

香水草是一種會朝著太陽綻放的藍色花朵，在古代包含菊苣花和勿忘草等植物。

應用魔法2 可用於所有魔法的戒指
「世界上沒有比這個更好的東西了。只要擁有這枚戒指，不管拜託什麼人都一定可以得到想要的東西。會讓佩戴者變得出名、偉大、受人讚賞和富有，或是與這樣的人成為朋友。此外，這枚戒指還能平息權力者的憤怒。只要將這個配戴在身上，無論你說什麼別人都會相信你，每個人都會對你感到歡喜。任何人觸摸這塊寶石並念出下面所提到的咒語，就可以打開門、破壞鎖鏈及岩石。另外，還具有驅邪功效。」
（PGM XII 201-69）

綠色及血色的條紋狀

聖甲蟲

ἡλιοτρόπιος

✴ 魔法的作法
綠色及血色的條紋狀。只要在戒指上雕刻太陽的象徵，例如太陽神海利歐斯和聖甲蟲等，就會變得最強。

第4章 對抗黑暗魔法的防禦術

> 「在所有寶石中，最有效的替身石是珊瑚。」
> ——偽奧菲斯《石之歌》（西元5世紀）

- 怪物戈爾貢的臉
- 小麥

✳ 魔法的作法

雖然珊瑚枝直接拿來使用也會有效果，但是雕刻上魔法圖像的話即可增強效果。這裡雕刻了戈爾貢的臉及小麥。

3月 保衛身體！ 紅珊瑚（Coralliidae）

> 3月同時擁有古希臘最強大的魔法石紅珊瑚和血石。如果遇到對方單靠自己的誕生石戰鬥，絕對能獲勝。

在古代主要的效果

- 避免一切災難（病魔、天災、幽靈、人類）。
- 保證持有者長壽，破除毒藥、詛咒和咒語。
- 擺脫痛苦、髒東西和詛咒。
- 防止惡夢、術咒、雷電和惡靈。

κοράλιος

解說

由希臘神話中的怪物戈爾貢的血凝固而成，因此雕刻戈爾貢的頭部圖像可以增強效果。只要佩戴在身上，就會保護你免於各種災難。如果將它壓碎成小塊與小麥混合再撒在泥土上，就能在該區域布下結界。它還可以解除家中的詛咒，保護田地免於冰雹和蝗蟲的侵襲；撒在葡萄園或橄欖樹之間也能看出效果。＊14

紅珊瑚是源自生物的寶石，看似超越了有機物和無機物的界限，所以在古代被視為神奇又不可思議的石頭。在西方至今仍有讓小孩子當作護身符項鍊佩戴的習慣，這種習慣從古希臘流傳到文藝復興時期，並延續至今日，已有超過2000年的歷史（Faraone [2018]）。

> 「可以擊退雷電及幽靈，並能促進繁殖的石頭。」
> ——邁特羅多魯斯《Zoroastrous》（西元前2世紀左右？）

＊14 《石之歌》（西元5世紀）第510行開始；馬羅博布斯（Maroboduus）第312行開始等等。

116

4月 心靈防禦!!
鑽石和其他硬石（Adamas）

在古代主要的效果

・增強內心力量。
・解毒。

解說

鑽石即使遭受火和鐵這兩種最具破壞力的力量，也絕對不會被摧毀。Adamas 的意思是不可征服，與其說它是鑽石，其實包含剛玉、石英和鐵礦石等各種堅硬的礦物，都是用這個名稱來稱呼。在寶石當中是最為優異的。
它能擊敗毒藥使之失效；消除精神錯亂、擺脫內心毫無根據的焦慮，並預防自殺。

> **弱點**
> 雖然不怕火也不怕鐵，但是一般認為將它浸泡在與其對立的自然物質中，也就是最髒最臭的東西（新鮮且溫熱的公山羊血）裡敲打就能粉碎它。＊15

＊15　老普林尼37.55-64。不過，也有人指出山羊血的故事，可能是為了掩蓋真正敲碎石頭的方法而編造的。

ἀδάμας

＊ 魔法的作法

它堅硬而無法雕刻，所以不需要雕刻。重要的是，這種石頭無法被任何東西毀壞。

> 「鑽石（Adamas）是鐵和火都無法征服的強大力量。」
> ——老普林尼《博物志》（西元1世紀）

- 鷗
- 撕碎的蛇
- 彩虹鰕虎魚的耳石

5月 治療之石
祖母綠
（*Smaragdos*、*Iaspis*）

在古代主要的效果
- 所有的善意和成功。
- 為奴隸帶來自由。
- 恢復視力。
- 順產。

解說
「綠色寶石」的統稱。

✻ **魔法的作法**
雕刻一隻將蛇撕碎的鷗、彩虹鰕虎魚的耳石，戴在胸前。可以治療口腔問題、食慾不振，還能改善視力。

偽蘇格拉底和狄奧尼修斯《論石頭》（西元前2世紀）；《希臘醫藥編纂》；Dioscorides 5.142。

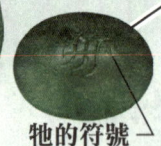

- 獅頭蛇（庫努比斯）
- 牠的符號

✻ **魔法的作法**
緩解肺部和側腹疼痛。會雕刻獅頭蛇庫努比斯和符號（SSS），佩戴在脖子上。（Marcellus of Bordeaux, 24.7）

> 「如果有人能為我帶來祖母綠，就像精心打磨的春綠一樣，諸神便會用雨水填滿乾涸的田地。」
> 偽奧菲斯《石之歌》281行以下

cmápardoc/iacttic

6月 豐收之石
月光石 *16 ／珍珠
（*Selenites*、*Margaritas*）

在古代主要的效果
- 女性防護　戴在身上。戴在大腿上就能作為順產的護身符。
- 豐收　綁在樹上就會結出美好的果實。
- 治病　磨成細粉當作飲料餵給癲癇患者
（Dioscorides 5.141；《希臘醫藥編纂》X1）。

解說
- 月光石　據信夜露與月光凝固後就會生成這種石頭。
（引用自尤利烏斯・阿非利加努斯〔Julius Africanus〕《Kestoi》）
- 珍珠　很容易被刮傷，因此最重要的是不加以雕刻，從而呈現完美無瑕。

*16　在古代通常意指透波石膏的石頭。

> 隱藏攜帶，切忌炫耀！

cexhníthc/mapraprítac

光明之神阿波羅
狩獵女神阿提密斯

這二位神是克服難產後出生的雙胞胎，因此是順利分娩的象徵。

※ 魔法的作法
蜂蜜色的縞瑪瑙
順產。刻上阿波羅和阿提密斯，就能健康出生。

**2人的出生地
提洛島上的棕櫚樹**

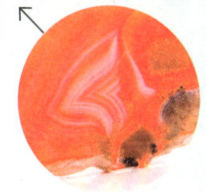

7月 全能的！縞瑪瑙（Onyx）

在古代主要的效果
根據縞瑪瑙的類型，據說有以下效果：

具有著白條紋的縞瑪瑙 保護內臟。雕刻盤繞起來的狗頭蛇以保護內臟。

具有白色邊框的縞瑪瑙 帶來安全和財富。雕刻圍繞聖甲蟲的銜尾蛇。

白色透明的縞瑪瑙 預防胃痛跟幫助消化。雕刻閃閃發光的獅頭蛇。

全黑色的縞瑪瑙 支持孕婦和哺乳期的母親。雕刻三頭的庫努比斯蛇。＊17

解說
在現代紅寶石比縞瑪瑙更常被用作7月誕生石。紅寶石在古代非常稀有，因此被製成戒指作為普通的裝飾品會好過刻上魔法的圖像。

＊17 偽蘇格拉底和狄奧尼修斯《論石頭》（西元前2世紀）32-36。

8月 纏絲瑪瑙 (Sardonyx)

成功並防禦！

在古代主要的效果
- 保護身體（並非來自詛咒或精神上的東西）。
- 成功。

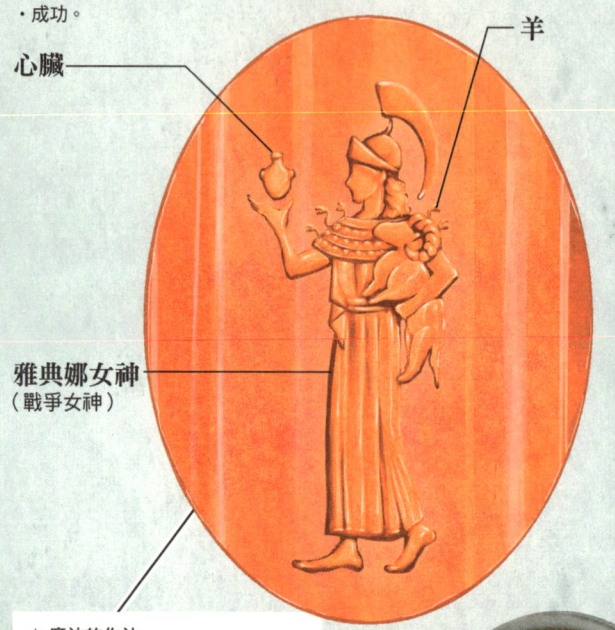

capaónrz

- 羊
- 心臟
- 雅典娜女神（戰爭女神）

> 「保護身體最佳的避難所。」
> 偽蘇格拉底和狄奧尼修斯《論石頭》（西元前2世紀）

✳ **魔法的作法**

帶來成功。雕刻抱著羊並手持心臟的雅典娜。＊18

刻上跟著一隻狗的狩獵女神阿提密斯：使人類勇敢高尚，防止受傷，削弱敵人。綁在傷口上就能防止腫脹。

刻有同為戰神的阿瑞斯的石頭

據信纏絲瑪瑙具有保護身體的力量，因此經常刻上希臘神話中具有戰鬥力的神。

＊18 30,31

「這是一塊確保強烈勃起和增強性慾的石頭。」

《希臘醫藥編纂》（西元1世紀）─Sappheiros

- 鴕鳥叼著一條魚
- 砂囊
- 薩梯魯斯的果實（不知道具體是什麼樣的果實？）

9月 猥褻的石頭
藍寶石
（Sappheiros）

在古代主要的效果
- 增強性慾。

cάππ℮ιροc

解說

古人之所以說藍寶石可以增強性慾，是因為藍色是性感的顏色！在現代象徵情色的顏色可說是粉紅色，但是在古代則會讓人聯想到藍色。換句話說，它也是用來供奉女神阿芙蘿黛蒂的石頭。

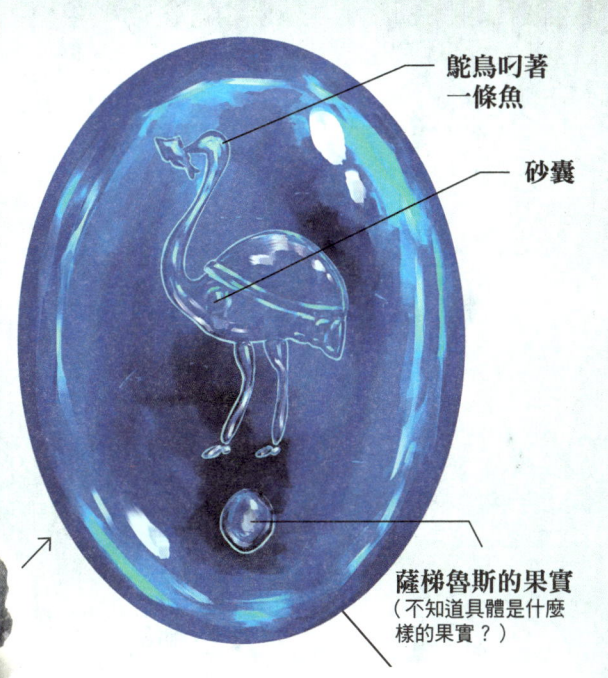

✻ 魔法的作法①
藍寶石上雕刻著一隻叼著魚的鴕鳥。
✻ 魔法的作法②
在這隻鴕鳥的腹部中央刻上砂囊。
✻ 魔法的作法③
在地下方雕刻薩梯魯斯的果實。
當作腰帶佩戴在身上，會引發強烈勃起和增強性慾。

- 美麗女神阿芙羅黛蒂
- 青石岩（提升女性的魅力）

同樣在青石岩上也常刻上阿芙羅黛蒂。與12月的風信子石可以互換。
※包括琉璃、青玉等等。

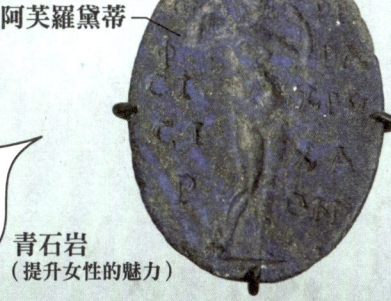

121　第4章　對抗黑暗魔法的防禦術　　©Marie-Lan Nguyen

10月 魅惑之石！
蛋白石
(*Opalus*)

在古代主要的效果
・吸引上級。
・驅趕幽靈。
・吸引少年。
（在古希臘少年愛非常盛行，所以存在這種項目，但是用現代的話來說，意思是「吸引喜歡的人」。）

✳ **魔法的作法**
刻上包含15個希臘字母的單字 ΦΗΣΟΞ（*pherox*）。

ὀπάλλιος

偽蘇格拉底和狄奧尼修斯《論石頭》（西元前2世紀）13

11月 防毒之石！
黃玉 (*Chrysolite*〔黃金石〕)、黃水晶色的瑪瑙

在古代主要的效果

✳ **魔法的作法**

為女性增添魅力 刻上阿芙蘿黛蒂。

防毒 刻上 ΛΑΧΩ（*lacho*）這些字母，就能治療蠍子造成的傷口，製成戒指還能增添魅力和健康。

χρυσόλιθος

偽蘇格拉底和狄奧尼修斯《論石頭》（西元前2世紀）

解說
Chrysolite 是一種透明的金色石頭。我認為它看起來類似現代黃玉的感覺，所以把它列在這裡。
在古代黃色可說是蠍子的顏色，因此與蠍子有關的寶石魔法也相當多。

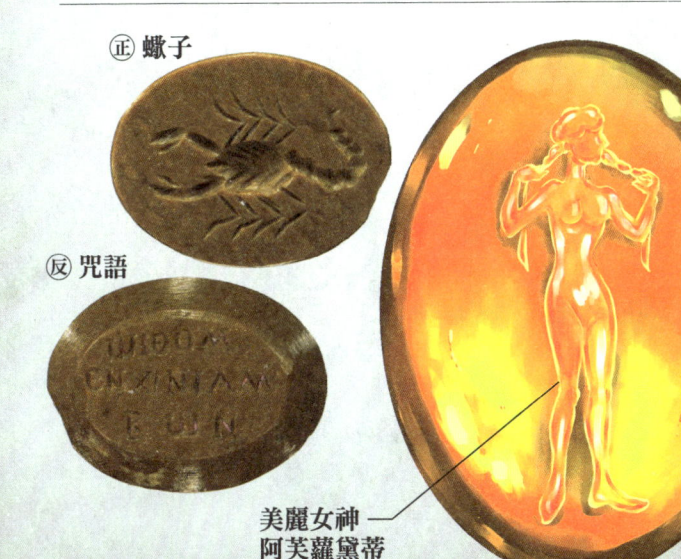

12月 風信子石 (Hyacinth)

出海必備的石頭

- 三叉戟 (Trident)
- 海神波塞頓
- 海豚

在古代主要的效果

✳ 魔法的作法

擁有祖母綠的力量

將商人從風暴中拯救出來 刻上右手拿著三叉戟，右腳馴服海豚的波塞頓。

提升女性魅力 刻上阿芙蘿黛蒂。

偽蘇格拉底和狄奧尼修斯《論石頭》（西元前2世紀）G27

解說

這裡指的是顏色如海水般的藍色石頭。12月出生的誕生石包含土耳其石和青金岩，所以列在此處（另外請參照第121頁的青金岩）。

Ϝάκινθοϲ

正 蠍子

反 咒語

美麗女神 阿芙蘿黛蒂

123　第 4 章　對抗黑暗魔法的防禦術

魔法中使用的基本礦物

這裡介紹的寶石，都是古代基本的魔法石。

> 「一塊清澈如水的石頭，一塊能生出火的石頭。只要帶著這塊石頭進入神殿，任何神靈都不會拒絕你的祈禱。要學習這塊無色石頭的力量。」
>
> ——偽奧菲斯《石之歌》（西元5世紀）

魔法的基礎
水晶球
（*Krústallos*）

在古代主要的效果
- 點火。
- 燒灼傷口。
- 魅惑術（吸引諸神的注意）。

κρύcταλλοc

解說

水晶是最基本的魔法石。透明水晶球最大的特徵，就是可以物理性點火！將太陽光線聚焦在水晶球上，就能點燃的火（聚光現象），被視為特殊火焰，常用於祭拜諸神的儀式，在醫學上則用於燒灼傷口。在古代要施展魔法、儀式或醫術時，首先必須學習這種最基本的石頭。表面粗糙、渾濁、內部含有雜質的水晶由於不容易點火，因此價值較低。

弱點

雖然可以點火，但是正如名稱「冰石」（*krústallos*）所表示的一樣，它本身無法承受火焰，一旦損壞便無法用任何方法修復。＊19

＊19　《石之歌》172行以下；老普林尼《博物志》第37卷23～29節。

預言之石

磁鐵礦
（*Sideritis*）

在古代主要的效果

- 預言、預見。
- 加強溝通能力。

（平息憤怒、不在人前怯場、受到諸神喜愛。）

解說

具有磁性的石頭對古希臘人來說，似乎是超越生物和非生物區別的神奇石頭。哲學家泰利斯認為磁鐵「具有靈魂」，而且「可以呼吸」。（亞里斯多德《論靈魂》1, 2.405a9-12）在魔法中被用來像磁鐵一樣吸引他人，或是吸引諸神預言的力量。

雖然無需額外圖像即可使用這種力量，但若想在戀愛上吸引對方，需要刻上阿芙蘿黛蒂等圖像。參照第5章〈情愛魔法〉。

> 「找出一切確定事實的石頭。」
> ——偽奧菲斯《石之歌》（西元5世紀）

預言術　✷ 魔法的作法

即使未經雕刻也能用於預言術。方法如下所述：

- 10天內避免性交、到公共浴室、吃肉，使身體淨化。
- 在乾淨的泉水中清洗石頭。
- 包在豔麗的布當中。
- 像嬰兒一樣培養。
- 用蠟燭的火照亮並珍惜。
- 在手中搖晃。
- 石頭會突然像嬰兒一樣哭泣（※這時掉落的話將招致諸神憤怒）。
- 詢問自己想問的問題，就能在石頭當中看到未來。

造成神話最大災難的石頭

據說特洛伊的先知赫勒諾斯，過去是從預言之神阿波羅手中得到這塊石頭。特洛伊戰爭即將結束時，赫勒諾斯背叛了他的家鄉特洛伊，並用這塊石頭向希臘軍隊預言了攻陷特洛伊城的必要條件。**如果擁有預知未來能力的人使用這塊石頭，他們甚至可以問出攻陷特洛伊最大的毀滅條件。**

（引用自《石之歌》）

叛徒先知（魔法師）赫勒諾斯

希臘神話中出現的先知。身為預言神中最大災難的人，受到古代晚期魔法師的歡迎。

125　第4章　對抗黑暗魔法的防禦術

血的魔法石！
赤鐵礦（Magnetic）

在古代主要的效果
- 止血（鼻血、月經）。
- 預防早產、促進分娩和控制月經。

解說
由天空之神烏拉諾斯的血凝固而成的石頭，也是獻給血腥戰神阿瑞斯的石頭。一般認為赤鐵礦具有天然的止血功效（推測這是因為潮溼的石頭會產生血色的汙漬）。許多魔法都與血液有關，在希臘世界屬於最常使用的魔法。也可以與血石互換。《石之歌》642行以下）

「這塊石頭特別受到暴力的阿瑞斯所喜愛，是天空之神烏拉諾斯的血。」

偽奧菲斯《石之歌》（西元5世紀）[20]

*20　老普林尼37.134-135。

— 減退陣（消除疼痛）

※ 魔法的作法
「坦塔洛斯！喝（血）吧！」
刻著「阿瑞斯會（用長槍）消除肝臟的疼痛！」等文字的魔法石。

口渴的坦塔洛斯，喝血吧！

— 獅頭的神靈

子宮—　「歐羅里歐斯」
　　　　控制子宮的魔法
（正）（反）

※ 魔法的作法
刻著一把鑰匙插在子宮上的魔法石。
背面：希臘字母，控制子宮的魔法咒語「歐羅里歐斯」。
在希臘的醫學書籍中，倒置的水壺或醫療用的拔罐器代表女性子宮。（西元1世紀婦科醫生索蘭納斯〔Soranus〕的寫本。）

鑰匙—
（靠這把鑰匙開關子宮，以控制懷孕）

126

化石（雷石、*keraunós*）

在古代主要的效果

・雷電攻擊。

解說

箭石殼化石

κεραυνία

箭石殼化石、隕石等等。
許多不同種類的石頭都被稱作雷石（*keraunós*），但只有在雷電擊中的地方才找得到的石頭（隕石）尤其具有強大力量，所以魔法師都會積極尋求。攻擊城市或艦隊時，只要借助這塊石頭就能取得勝利。＊21
化石的形狀獨特，古代人認為它是神祕的寶石，相信它具有魔力和藥效。

＊21　老普林尼《博物志》37.134-135。

琥珀、墨玉（Jet）、瀝青、硫黃

ἤλεκτρον/παμμέλας/ἄςφαλτος/θεάφιον

在古代主要的效果

・淨化。
・驅趕病魔。
・用於驅魔。

✷ 魔法的作法

這些石頭的神奇功效，在於它們的氣味而不是表面顏色。
琥珀和墨玉（來自樹木的石頭）摩擦之後會發出獨特的氣味，在某些情況下還會著火。
硫磺和瀝青（與墨玉有關的物質）也是燃燒後就會發出刺鼻氣味，所以從希臘歷史早期就被用作淨化的薰蒸劑。將它靠近被邪靈附身者的鼻子並念誦咒語，便可驅除邪靈（PGM XIII 243）。
從此就有了將硫磺放在盒式吊墜中隨身攜帶的習慣。
現在收藏於大英博物館
[Faraone, 2018]。

琥珀

墨玉

硫黃

127　第 **4** 章　對抗黑暗魔法的防禦術

總結

魔法運作理論的基礎在於「**相似物影響相似物**」（**相似性效應**）的概念。寶石是大自然的結晶，是這種「相似性效應」最能極致運用的材質。深紅色的石頭控制血液；靠磁性吸引鐵的石頭，會讓佩戴者也具有吸引他人的力量。而石頭本身雖然具有力量，但是在石頭上雕刻強化意象的圖像後，就可以增強它的力量——這就是在大家指尖上閃閃發光、掛在胸前晃動的寶石魔法。

寶石偏好的歷史變遷

西元前7世紀～

綠碧玉、紅玉髓和玉髓，以及纏絲瑪瑙、瑪瑙和石英特別受人歡迎。

西元前5世紀左右　瑪瑙
西元前5世紀左右　綠碧玉

古希臘時期
（西元前5至4世紀）

在古希臘時期泛藍色的玉髓很受歡迎，其次是石英和紅玉髓，然後是瑪瑙、色彩鮮豔帶斑點的碧玉。作為石英與玉髓替代品的白色玻璃也受人歡迎。

西元前4世紀左右　藍玉髓
西元前470年左右　泛藍色的玉髓

希臘化時代以後
（西元前3世紀至西元2世紀）

隨著貿易路線擴大，各種各樣的寶石也變得容易取得。
隨著亞歷山大大帝的遠征和新的貿易關係，開始能夠取得石榴石、鐵鋁榴石、紫水晶、祖母綠、海藍寶石及黃玉這類的新材料。

西元前25年左右　紫水晶
西元前300年左右　玫瑰榴石

羅馬帝國
（西元2至4世紀）

魔法寶石在整個古代世界造成流行。

[New Pauly sv. Gem Cutting, Jewelly]

西元2世紀　血石
西元2世紀　蛇紋石 

出處：除了青金岩（法國國家圖書館）之外，其他石頭收藏於蓋蒂中心和大都會藝術博物館（Science Source／Aflo、Science Photo Library／Aflo、Alamy／Aflo）。

128

問題點──過於有價值

因為護身符要隨身攜帶，有時還是從父母代代相傳給子女的東西，所以最好使用精美的材料……正是這樣的情感，使得防禦術成為如此豐富多彩又引人注目的領域。

然而，精美的材料卻是魔法研究中最大的問題。

詛咒石板只不過是一堆鉛的垃圾。對當時的施術者來說，它是夾在地底下的死者手中的東西，不會再見到第二次了，而且是用常見的材料製成。

所以這塊用常見材料製成，上面寫著「那個人去死」的石板，對於後來的盜墓者而言，當然是**完全不想要的東西**。

以至於到了2500年後的今日，才會在出土時仍舊被屍體握在手中，將當時的訊息完整地傳達給我們。

但是，很多護身符卻不是如此。它們是用對任何時代的每一個人來說，都具**有價值的東西——諸如祖母綠等寶石和貴金屬——**製作而成。

它們必然不會與死者一起長眠地下，而是會隨著活人在地上移動，並且超越時代地傳承、販售和改造。

於是，護身符便四散到了世界各地。它們在世界各地的博物館和美術館中展出，或是成為私有物，至今仍戴在那些人的手指上。不，它們說不定就收在你永遠看不到的珠寶盒裡。

此外，許多此類物品都是作為裝飾品展示、收藏或持有著，並不會被視為「魔法」。

而且更糟的是，在這當中應該有幾成肯定都是**贗品**。

「如果將類似古希臘的魔法圖像雕刻在沒有那麼昂貴的寶石上，或許就能當作古董用更高的價錢售出。」

更單純的想法是「覺得古代的圖形很酷，所以想雕刻看起來類似的圖像」！

就是在這樣的想法下，才會有某人去雕刻仿冒品。[*22]

*22 舉例來說，凱爾西考古博物館藏第26169號的灰瑪瑙防禦術，很可能就是贗品。不但希臘字母的書寫方式不符合時代，而且也不存在這種字母排列方式。

除此之外，也無法分辨在這當中有幾成是假冒的東西。

就像這樣，正因為護身具有超越時代的價值，所以它們與詛咒石板不同，並不處於可供研究的狀態。即使在今天，仍然無法辨認絕大多數的護身符是誰的東西、什麼年代，甚至不知道其所在地。[*23]

魔法從哪裡開始？

防禦術可能看起來不像咒術那般「神奇」，因為它將重點放在**防禦**而非攻擊。但是，在強調以當時的常識也不可能實現的過度效果上，確實被歸類為魔法（只要擁有它就能治癒疾病、讓龍捲風消失或變成隱形人）[*24]。

此外，有時它是否為魔法可能也會取決於**擁有它的人**，而不是魔法本身。

---

*23　一般來說，寶石魔法在西元1世紀左右開始流行。參照寶石魔法的歷史（第128頁）。

*24　在希臘，尋求庇護以免受到邪惡傷害的常見方法，就是去神殿向諸神獻祭。但是，也有不這麼做的方法——在法律上也幾乎不會禁止，那就是「非神殿製作的個人寶石魔法護身符」。這部分與咒術在社會上的地位截然不同。

131　第4章　對抗黑暗魔法的防禦術

舉例來說，**都市和農村**的居民之間存在地域差異。在古代農村是常識的習俗，到了城市可能被當成迷信。在人來人往的路上朝胸口吐口水在農村是很平常的事，但是在大都市裡會被人認為「哇，這太鄉巴佬了！」（過於迷信！平常都市人才不會這麼做）。

男性和女性之間也存在社會差異。

當時的人認為，都市裡的男性（在社會上堪稱模範地位的人）不帶護身符是很正常的事，女性才會攜帶。

還留下了這樣一句話：「最近連男人都帶護身符了！男人不應該有如此迷信的行為！」（來自老普林尼）

就像這樣，持有魔法戒指的習慣在社交圈中就被認為是「正常」的，因此沒有被歸類為魔法。

只有從這個共同體之外觀察的外人，才會認為他們的習慣「並不正常」，所以有時會用「迷信」、「魔法」這類貶義詞來稱呼。

而且或許這種地域歧視、性別歧視的背景，即便在2000年後的今日，依然保留在魔法一詞當中。

132

巴里納斯傳 4 大魔法師前往恐怖洞窟

斐洛斯脫拉德《阿波羅尼烏斯傳》第 8 章 19 節（西元 3 世紀）

在希臘的維歐提亞專區有一個不可思議的神諭所，叫做**特羅福尼烏斯神的洞窟**[*25]。

入口處有鐵樁圍成的柵欄，只有尋求神諭的人才能進入洞窟。在洞窟裡他們會遭到蛇的攻擊，所以必須攜帶「神饌」[*26]來安撫牠們。

據說在一個找不到出口有如迷宮般的洞窟深處，會收到來自特羅福尼烏斯神的「啟示」，但絕大多數來問神的人都嚇壞了，當他們爬出洞窟時幾乎都忘記了這次的經歷。

現在，我們的巴里納斯來到了這個洞窟。

*25 特羅福尼烏斯是預言之神阿波羅的兒子。關於如何在洞窟裡接收神諭的詳細方法，請參照保薩尼亞斯（Pausanias）[1991, 9.39]。需要其他特殊的事前儀式和服裝。

現在的特羅福尼烏斯洞窟，目前還是可以進入。

1800 年代特羅福尼烏斯洞窟的遠景。

*26 含有蜂蜜的硬糖。有時也翻譯為「cookie」。

133　第 4 章　對抗黑暗魔法的防禦術

「我想進入洞窟裡，因為我想向神請教關於哲學的問題。」

然而洞窟的祭司卻拒絕了他，並說：「我們不能讓你這種像是魔法師的人來測試神諭。」

「是這樣嗎……」

巴里納斯向後退了一步——他佯裝這麼做，後來做好準備等到晚上又回到了洞窟。隨後他拔掉了堵住入口的四根鐵樁，不但沒有攜帶神饌，也沒有穿戴任何其他必要的裝備，只披著哲學家的斗篷就溜進了洞窟。

當他在下降時，一面向洞窟的主人詢問：

「特羅福尼烏斯神啊，請你告訴我！在全世界的哲學當中，你認為哪一種是最美好、最純粹的呢？」

接下來的六天裡，他都沒有走出過洞窟。

134

七天後,他從距離洞窟入口60公里遠的奧利斯返回到地面,而且手中握著特羅福尼烏斯神授予他的答案——**哲學家畢達哥拉斯的奧義書**(第141頁)。據說後來這個卷軸被捐贈給義大利的城市安濟奧,當時也一直保存在哈德良(Hadrian)皇帝(西元76至138年)的住所裡。

西元2世紀羅馬皇帝哈德良的雕塑。

史料7

巴里納斯的寶石魔法
～大魔法師唯一的失敗～「安條克鼠王」

這是一位大魔法師發明的寶石護身符，
可以召喚鼠王，
並操控（驅除）成群的老鼠。
只要將這個放在喜歡的地方，
統治老鼠的鼠王就會爬出來。

腹中事先裝滿老鼠喜歡的食物，例如蜂蜜等。

製作裝飾華麗的老鼠雕像。

出處：MS Paris BnF Ar. 2250, ff. 132v-133r《塔利斯曼大全》

> 但是要注意！
> 鼠王的腳會拖著走，
> 並由牠的同伴扶著。
> 如果看到牠的樣子
> 就笑出來的話，
> 這個魔法便會失敗。

在星期三將咒語雕刻在老鼠上，包括時間之神和月亮之神的名字等等。

巴里納斯曾在安條克城這樣做過，但是因為周圍看熱鬧的人群嘲笑鼠王而失敗了。他說：「這個魔法會失敗責任並不在我，而是因為看熱鬧的人。所以我的弟子啊，當你們在施展這個魔法時，要在一個沒人看得見的地方，選一個吉日的星期三，在深夜4點或早上進行。」

主體是由黑色的鉛製作，眼睛用水晶，尾巴用紅玉髓製成。

*阿瓦里斯的飛箭

史料8 古希臘魔法工具全集

古代也有魔法工具！例如飛行器和魔鏡。
接著為大家介紹古代人證實「的確存在！」
且記載於史料中的各種傳說物品。

* 看透一切的魔鏡

* 畢達哥拉斯的奧義書

* 蓋吉茲的戒指

139 第 4 章 對抗黑暗魔法的防禦術

箭、鏡子、戒指、書籍

古希臘的飛天掃帚
阿瓦里斯的飛箭

- **出處**　哲學家波菲利《畢達哥拉斯的一生》（西元3世紀）等
- **持有者**　極北的魔法師阿瓦里斯、哲學家畢達哥拉斯
- **主要魔力**　乘著飛翔、驅邪的力量、智慧
- **使用條件**　須為賢者
  （也許還需要運動神經）

金色的飛箭。阿波羅神賜給據說真實存在於西元前6世紀的魔法師阿瓦里斯。傳說阿瓦里斯騎著它，穿越河流、海洋等普通人無法到達的地方，並在空中旅行。現代魔法師是騎著掃帚，但是在古代主要是騎著箭飛行。

(Porphyry, *Life of Pythagoras* 28-9)

幾乎就像《魔戒》三部曲
蓋吉茲的戒指

- **出處**　柏拉圖《理想國》（西元前4世紀）
- **持有者**　篡位者蓋吉茲
- **主要魔力**　變成隱形人
- **使用條件**　不要使用
  （沒有人不會成為欲望的俘虜！）

一枚能讓人隱形的戒指。它是呂底亞人蓋吉茲從一具古老皇家陵墓的屍體上拔下來的。只要將鑲在戒指上的石頭轉向手指內側，人就會變隱形，向外轉即會現身。蓋吉茲利用戒指的力量，入侵王宮引誘王后並殺死國王後，自己成為了呂底亞的國王。由於偷竊、姦淫、殺人和任何其他犯罪行為「都不會被人看見」，不管是多有道德的人最終也會成為欲望的俘虜。唯有可以理性控制自己的人才能選擇不使用戒指。故事的設定與《魔戒》三部曲相當類似。

（柏拉圖《理想國》2:359a-2:360d）

140

攻克地牢才能獲得的極稀有物品
畢達哥拉斯的奧義書

出處	斐洛斯脫拉德《阿波羅尼烏斯傳》（西元3世紀）
持有者	魔法師巴里納斯、羅馬皇帝哈德良
主要魔力	獲得祕密知識
使用條件	征服特羅福尼烏斯的洞窟

在萊巴泰亞的特羅福尼烏斯洞窟深處，沉睡著一本智慧之書。巴里納斯魔法師（第133頁）花了七天時間攻克這座地牢的最深處，並將它帶回地面。據說這本書記述了哲學家畢達哥拉斯關於「最美好、最純粹哲學」的特殊智慧。畢達哥拉斯是從未留下任何書籍的著名哲學家，因此「一本不應該存在的書竟然存在！」的故事發展令人十分興奮。完全就像「攻克地牢獲得超級稀有魔法書」的情節。幾經周折後，它被捐贈給了安濟奧（義大利海岸的一個小鎮）。
（《阿波羅尼烏斯傳》8.19）

窺視全世界
魔鏡

出處	巴里納斯傳《塔利斯曼大全》（MS Paris BnF Ar. 2250）
持有者	魔法師巴里納斯
主要魔力	可以反映出世界上的任何地方
使用條件	參照製作方法

一面可以看見整個宇宙的鏡子。在一本留有巴里納斯姓名的魔法書上寫著製作方法，有希臘語和阿拉伯語的寫本。將銅、鐵、鉛、石墨和玻璃全部放入模具中，就能製成鏡子。在邊框上鑲嵌七顆寶石，精心拋光。在鏡面上描繪魔法圖像，根據想要看到的東西念誦咒語。它會反映出整座地表和天空，每一面各自顯現出世界的一個角落。據說巴里納斯是在亞歷山卓製作了這面鏡子。
(Apollonius of Tyana's *Great Book of Talismans*, Lucia Raggetti, Nuncius 34 (2019) 155-182)

「想要看清地球上的一切、所有的氣候和國家時，就看看這面鏡子吧！」——巴里納斯

3種魔法權杖

說到魔法師必備的物品,就是魔法權杖!在這裡將為大家介紹3根曾經作為魔法之神象徵,最強大的權杖。

具代表性的古代魔法物品

赫爾墨斯的「商神杖」(雙蛇杖)

出處	《赫爾墨斯頌歌》(《荷馬詩頌》第4號,約西元前7世紀)等
持有者	傳令之神赫爾墨斯、傳說中的魔法師赫爾墨斯・崔斯墨圖
主要魔力	避開災難,帶來財富與和平;提升語言能力和行動力
外觀	一根有2條蛇相互纏繞的金色短權杖,有些還帶有翅膀

最著名的古代魔法權杖。象徵著傳令、和平、財富、商業、言論、魔法、煉金術和各種赫爾墨斯的能力。在魔法的世界中,它是赫爾墨斯之星,也就是水星的天文符號(☿)。至今仍在使用。

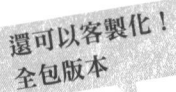

還可以客製化!全包版本

如今魔法師持有的那種舊式權杖屬於不常見的物品,但是在古代卻並非如此。權杖廣泛用於生活中的各種場合,諸如護身用、指揮棒、國王權杖、料理用、畜牧用和旅行用等等。大家各自持有不同長度的手杖,並非魔法師專用的物品,反而是完全散發出日常生活氣息的物品。在這裡介紹的是象徵性的權杖,作為諸神力量的視覺表現。

- 2條蛇

海克力斯之結
這是一種與英雄海克力斯有關的防禦暨治療繩結,在古代也會用於包紮繃帶等時候(參照老普林尼《博物志》)。

勃起的男性生殖器
驅邪的象徵。

正統的權杖

治療與魔法的象徵

阿斯克勒庇俄斯的權杖（蛇杖）

出處 尼坎德（Nicander）《有毒生物誌》（西元前2世紀）、
保薩尼亞斯（Pausanias）《希臘志》（西元2世紀）等

持有者 阿斯克勒庇俄斯　　**主要魔力** 治療

外觀 纏繞在普通樹枝上的蛇

醫藥與治療魔法之神阿斯克勒庇俄斯所持有的權杖。阿斯克勒庇俄斯一般只會被介紹成醫藥之神，但是古代醫學和魔法並沒有被區分開來，他有時會使用咒語治病，因此也被視為魔法師。

赫爾墨斯的權杖是金屬材質，而這根手杖是一根簡單的木棍。 當時沒有醫院，醫生會巡遊每一個城鎮尋找病人。一般認為這是旅行者用來幫助行走而留下的遺跡。
（Edelstein [1945]）

↓ 阿斯克勒庇俄斯

類似赫爾墨斯的權杖，因此在現代容易被人混淆。WHO也是以這根權杖作為標誌，不過它的軸心並不是簡單的樹枝，而是使用了國王權杖，從古希臘的角度來看，這稍微顯露出「權力」的感覺。

一條蛇。顏色因史料來源而異，但是紅色在魔法中更受青睞（這種顏色與血液、生命和驅邪有關。參照第116頁「紅珊瑚」）。蛇也是細心（觀察）和蛻皮（恢復活力、療癒）的象徵，而且性格溫和友善，所以也是醫生的象徵。
（Scholia in Aristophaenem, Ad Plutum, 5）

黑卡蒂
「統治萬物的權杖」
參照第92頁

143　第 **4** 章　對抗黑暗魔法的防禦術

專欄　各種魔法

除了本章介紹的魔法之外，還有五花八門的魔法。
現在為大家介紹其中的一部分。

預防感冒的戒指

（收藏於法國國家圖書館）

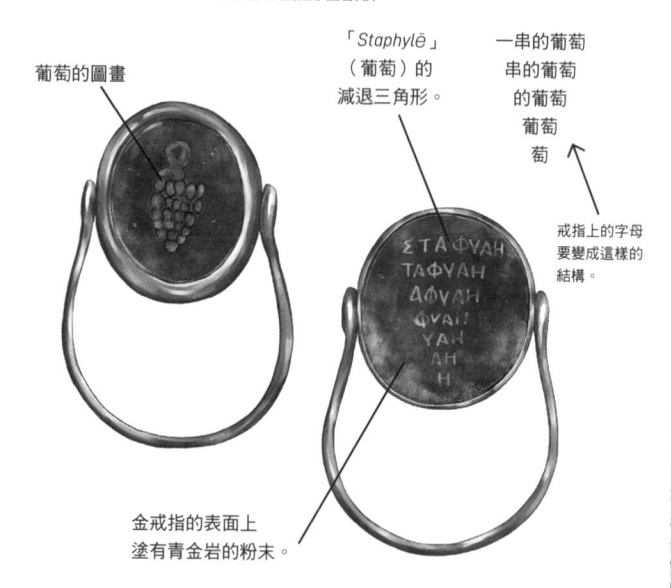

葡萄的圖畫

「Staphylē」
（葡萄）的
減退三角形。

一串的葡萄
串的葡萄
的葡萄
葡萄
萄
↑
戒指上的字母
要變成這樣的
結構。

金戒指的表面上
塗有青金岩的粉末。

魔法理論

葡萄的形狀類似懸雍垂，而青金岩的深藍色也類似於葡萄的顏色（魔法中相當重要的概念——「同調」，即彼此相似的東西，具有相似的力量）。此外，還要將「一串葡萄」的字母設置成「減退三角形」。正如這些字母一樣，意味著希望腫脹的喉嚨發炎症狀能夠逐漸減輕。透過同調疊加同調，就能獲得更加強大的防禦力。

讓生意興隆的招財赫爾墨斯

(PGM IV 2359-72)

將橙色的蜂蠟與空氣鳳梨（一種附生植物）和磨碎的常春藤汁混合，製成赫爾墨斯的雕像。讓雕像的左手握著傳令權杖，右手拿著錢袋，底部挖洞備用。
在莎草紙上寫下以下咒語。

> ΧΑΙΩΧΕΝΟΥΤΙΒΙΛΜΕΜΝΟΥΩΘ
> ΑΤΡΑΥΙΧ
>
> 為這個地方帶來財富和工作。
> 遊隼的兒子，就住在這裡。

赫爾墨斯塑像
（示意圖）

將莎草紙放進赫爾墨斯的雕像裡，用同樣的蜂蠟封住洞。把它放在牆中不顯眼的地方，用鮮花為其戴上花冠，並供奉一隻公雞。再獻上埃及生產的葡萄酒，最後點亮一盞油燈（但是，不能是染成紅色的油燈）。

第 5 章 情愛魔法 Agoge／Philtron

有中間型的魔法

有一些魔法，並不屬於咒術和防禦術當中的任何一類，而是屬於「**中間型魔法**」[*1]。這是**兼具攻擊性和防禦兩方面的魔法**，或者說是「視狀況攻擊」的魔法。

代表性的例子，包括**情愛魔法和亡靈魔法**（第6章）。首先，就從更具攻擊性的情愛魔法來為大家介紹。

比起字面上看似危險的亡靈魔法，情愛魔法是不是更具攻擊性呢？沒錯，情愛魔法指的是用在對方身上，灌輸和維持各種形式的欲望暨愛情儀式技巧。

直截了當地說，就是「**操控對方的感情來迎合自己的需求**」[*2]。

如果，對方也有同樣的感覺並且兩情相悅的話，最終就會是個好的魔法，但是並非如此的時候，對於對方來說這就和咒術沒什麼兩樣。而且情愛魔法恐怕正是最跳脫現代人直覺的領域。

*1 這裡請注意，這種分類是基於現代認知，目的是為了方便研究而加以分類的（OCD s.v. magic）。

*2 關於情愛魔法最古老的實物，是西元前8世紀的「涅斯托爾之杯」。這是一種歷史特別悠久的魔法。左邊的照片上有一句古希臘語：「喝下這杯酒的人，會瞬間被俘虜，對頭戴美麗王冠的阿芙蘿黛蒂產生欲望」，是一句讓杯子注入戀愛力量的咒語。

性愛（Eros）類魔法

馬上來看看實際的東西。首先，就從性愛（Eros）類魔法開始，這是具代表性的情愛魔法，被稱為「Agoge」。

下一頁的史料1，就是一個可以讓對方的感情轉向自己的魔法。

話說回來，這個魔法浮現出了二件跳脫現代人直覺的事情。

第一件事，很多人應該以為這是用來詛咒以殺死對方的人偶。就像日本會將5吋長的釘子插進稻草娃娃一樣。

但是，實際上在釘釘子時卻是用來發洩情緒的，比方說「想到你我的頭就痛，不管看到什麼或是聽到什麼我都不會覺得快樂，心非常痛。我也想讓你體會，我現在感受到的這種戀愛痛苦！」「我想讓你除了我之外，什麼都無法思考！」

涅斯托爾之杯上雕刻的咒語。

149　第5章　情愛魔法

史料1 讓別人對自己產生好感的魔法 人偶＋咒語

引用自 PGM

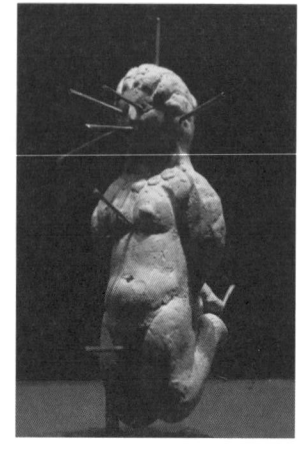

出處：黏土人偶（羅浮宮博物館）

©Marie-Lan Nguyen/
Wikimedia Commons/
CC-BY 2.5

取13根銅針，將1根刺進腦部同時念出：

「我要刺穿妳的腦袋，○○（女性的名字）！」

然後2根刺在耳朵，2根刺在眼睛，

1根刺在嘴巴，2根刺在腹部中央，1根刺在手上，

2根刺在外陰部（陰道和肛門），

2根刺在腳底，而且每次都要念出：

「我正在刺穿妳，我正在刺穿○○這個部位！」

讓妳不會想到其他人！除了我以外的任何人！」*3

*3 PGM IV 296-466，第321至328行。有關實施範例和處方箋的對應，請參照 Martinez [1991]（附有詳細解釋）。

所以並不是想要殺死被釘釘子的人，而是**愛著對方**。

還有第二件事，聽到「情愛魔法」時，大多數人可能都會想像施展魔法的人是女性，古代文獻業已證實，施展這類情愛魔法的人幾乎都是女性。

然而，現存的考古證據卻都指向了完全相反的情況。**施展魔法的人絕大多數都是男性，目標則是女性。**

在 The DeFix 上公開的 81 個攻擊類型情愛魔法當中，有 61 個是針對女性的魔法（當中有 2 個是同性戀），9 個是以男性為對象的魔法（當中 1 個是同性戀），另外 3 個是男女皆可施展的魔法。[*4] 這就是收藏於圖書館的文獻沒有告訴我們的古代真相。

古代文獻和考古證據之間會存在這種差距，原因之一應該是這些撰寫文字並保存內容的人，都是屬於知識分子的男性菁英階層。[*5]

換句話說，古代充滿教養與知識的菁英階層並不會說這樣的話：「我終於能

[*4] 同性戀在古希臘比現在人數更多。
因此可以說，同性戀的情愛魔法只占 81 個類型當中的一小部分，數量非常少。推測背後的原因是異性很難見到面，但是在當時的文化中，男性和男性、女性和女性卻可以定期碰面。
下面舉例的這個女性向女性施展的情愛魔法顯示了一個問題：由於某種原因二人無法經常在公共浴室見面。
「引導尼羅格尼亞所生的戈爾戈尼亞，去愛伊莎拉所生的索菲亞。燃燒戈爾戈尼亞的靈魂、心臟、肝臟和精神，燃燒她、拷問她……直到她到浴室來找索菲亞為止。」（SM 42）

[*5] 由女性撰寫完整的古代文獻除了莎芙之外，數量稀少。

和我夢想的女性在一起了！我昨天施展的情愛魔法非常見效！」他們會說：「因為我自身的魅力，終於能和她在一起了。」

然而在這背後，其實大家都在使勁地把釘子釘在人偶上。就像這樣，魔法的領域也讓我們看到了古代人一本正經莊嚴外表下的模樣。

燃燒魔法

還有一種攻擊型的情愛魔法要介紹給大家。這次不再是用釘子刺穿，而是叫做「燃燒魔法」（Emupyura）的類型。

史料2的戒指乍看之下，似乎描繪著愛欲之神厄洛斯（丘比特）正在折磨一隻蝴蝶，就像小孩子才會做的惡作劇。

然而，蝴蝶（心靈）在古希臘是女性生殖器的黑暗隱喻，所以「這是一枚魔法戒指，用來點燃女性的性慾」。

152

史料2 「蝴蝶」的燃燒魔法 戒指版、咒語版

A：赤鐵礦戒指

正面是愛神厄洛斯（丘比特）
正在用火矩焚燒一隻蝴蝶（心靈）。
背面則刻著一句咒語。

蝴蝶

丘比特
（厄洛斯神）

B：魔法莎草紙的燃燒咒語

用營火燃燒沒藥並吟誦：

「沒藥啊，不要從她的眼睛、側腹、指甲、肚臍或骨頭進入，
要從她的**心靈（靈魂／女性生殖器）**進入。
然後，停留在她的心臟裡，
燃燒她的內臟、胸部、肝臟、呼吸、骨頭和骨髓，
直到她來到我○○的身邊為止。」*6

魔法莎草紙的燃燒咒語（B）當中也內含了「心靈」一詞，但是在這裡它被視為意指靈魂和女性生殖器的名詞。*7

就像這樣，火焰和融化的圖像也經常出現在情愛魔法當中。在這裡出現的，是將沒藥和活蜥蜴扔進火中，同時進行情愛魔法的儀式，藉此贏得目標的芳心。

除了釘釘子、焚燒圖像或材料之外，有時還會使用更直接的拷問和征服的圖像。

*6 PGM IV 1520.

*7 一般來說，「心靈」意指「靈魂」。然而，在魔法語言和隱喻的文章中，則暗喻「女性生殖器」。當有人提到「你的心靈」時，多數時候很難判斷這是指靈魂，還是女性生殖器的隱喻（蝴蝶），或是兼具這兩方面的意思。會讓人想要逐一分開詢問：「這裡提到的心靈是指靈魂？還是蝴蝶？還是女性生殖器呢？」

153　第5章　情愛魔法

舉例來說，有一個叫做**「達達諾斯之劍」**的情愛魔法。雕塑的圖畫上是全副武裝的戰神阿瑞斯左手持劍，讓赤裸的愛神阿芙蘿黛蒂將雙臂繞到背後，並屈膝跪下。*8

阿瑞斯是男性性器官的象徵，阿芙蘿黛蒂則是女性性器官的象徵。就像這裡表現出來的一樣，意思是想讓他目標中的女性屈服於他的愛。

或者還有一種叫做**愛之鳥**的魔法（*iynx*，英語的「jinx」就源自這個古希臘字），將一隻**地啄木鳥（*Iynx*）**綁在車輪上，時而扭曲時而伸展牠的翅膀以造成牠的痛苦。

還有一些以物理方式或直接向目標扔擲蘋果或石榴的作法（PGM CXXII）。

「難道不再隱藏了嗎？」「如果那樣做的話不是會被討厭而不是喜愛嗎？」以現代人的感覺來說，也許會感到擔憂。然而，這種攻擊性情愛魔法的實際例子在古希臘隨時隨地，不管在物質上或文獻上都是頻繁出現。

*8 身穿盔甲和頭盔的阿瑞斯神，將赤裸的阿芙蘿黛蒂用鎖鏈鎖著（收藏於法國國家圖書館，PGM IV 1718）。

*9 地啄木（*Iynx*）是一種鳥類，其獨特的頸部和尾巴動作，被視為象徵淫亂和瘋狂的鳥，過去被用於情愛魔法。

換句話說，這並不是某個為愛瘋狂的變態精神錯亂下做出的行為，而是整個社會都存在使用這種魔法的文化。

殺戮天使

暴力、拷問、屈服……究竟愛情為何會變成如此暴力的魔法呢？

推測這完全是因為對古希臘人而言，性愛（Eros）是一種難以抗拒、危險、無法控制且暴力的力量。

如今厄洛斯（Eros）就是 *Cupido*，英語寫作 Cupid，用手持弓箭、長著翅膀的可愛天使表現出來。

然而，現代的丘比特只是被拔掉了尖牙，他在古代可是會手持弓箭、火炬和鞭子（全都是會讓人聯想到暴力和拷問的東西！）追趕上來，用刑審問人類的**可怕處刑官**。

*10 丘比特射出閃電。

155　第 5 章　情愛魔法

對古希臘人來說，提到「愛神丘比特」時，腦海中會浮現的形象其實是個殺戮天使，比現代人的印象中有著超過百倍的負面、暴力和變態。

「Eros」用當時的文字來表現的話是這個樣子──「被厄洛斯的木樁刺入心臟會使人發狂！」（尤里比底斯《希波呂托斯》38, 1303）。

因為「Eros」是暴力的，所以必須使用相同的力量，以不尋常的方法來解決它。進而才有將釘子釘入陶瓷人偶、用火焚燒、在可憐的替身上用刑審問，讓這些痛苦與不適感也投射到目標身上。

就像這樣，古希臘將激烈、危險、侵略性且完全正面直指性交的愛稱為「Eros」（性愛），所以實現「Eros」的情愛魔法也必然會是暴力的儀式。

友愛（Philia）類魔法

「在古希臘只有這種愛嗎？」為此感到沮喪人也不用擔心，其實還有另外一種類型的「愛」。現在就來看看這種魔法的深淵。

如暴風般的性愛（Eros）魔法，幾乎是男性（與部分擁有自由的女性，容後再述）獨占的狀態。然而，還有與此相反的情愛魔法，也就是**「友愛」類魔法**，主要是女性在使用。

[Philia] 一般被翻譯成**「友愛」**，意指施術者對親密對象的愛情，諸如配偶、戀人、家人或朋友等等。

友愛類的魔法，有時也會內含刺激目標的性慾，但是不會給人瘋狂的激情或是拷問的感覺。

給人的印象是和藹可親、溫柔的愛⋯⋯是用於恢復、療癒，以及保護受到破壞或已經出現問題的關係的情愛魔法。

「原來這是種溫和的魔法，跟性愛類魔法不一樣！」

然而，即使在這裡也發生了兩件與現代人預期中相反的事情。

請參閱史料３「作法」的第二行。那裡寫著「去勢」的文字。首先，「去勢!?不是說這是溫和的愛情魔法嗎？」──沒錯，就是**「（讓對方變得）聽話」**的情愛魔法。

這些咒語和魔法都和上一節提到的性愛類魔法相同，目的是束縛或削弱對方後，再控制及支配對方。魔法有時也會使用**藥物**，讓對方失去自主性。所以這並不是溫和的魔法。

性愛類是一種主動的控制方式，讓對方燃起性慾；友愛類則相反，是一種**用來削弱對方的控制方式**。

接著是第二個疑問。

史料3 讓男人無法勃起的魔法

【偉大女神阿芙蘿黛蒂第一條最強大的魅惑腰帶「Kestos」】
《希臘醫藥編纂》1.10.49-69（西元1世紀）

- 準備黑曜石。
- **雕刻一名被去勢的男人。他的雙手無力地下垂，悲傷地凝視著自己掉落在腳邊的性器官。**
- 在他的背後刻上阿芙蘿黛蒂，女神與男人背對背且視線背向對方。
- 在一個非常扁平的黃金小盒子裡，與這顆黑曜石一同放入魚（*kinaidos*）的耳石（沒有耳石的話，則放入馬鞭草根和愛之鳥的左翼）。
- 軟化從遊隼體腔中取出的肌腱（*hímas*），將這個盒子塞進去再沿著肌腱正中央縫合起來，以免被人看見。

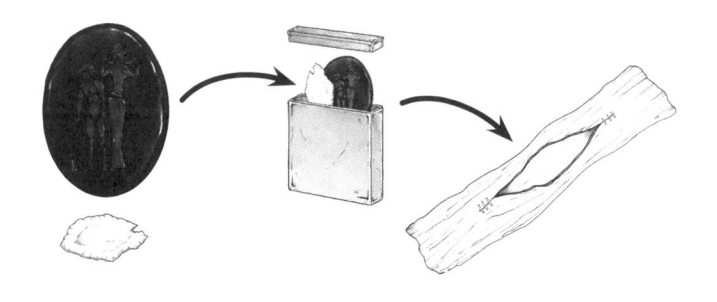

腰帶的尺寸：寬2根手指寬，長5個手掌長

這個類似繪畫或雕像中阿芙蘿黛蒂頭上纏繞的髮飾，被稱為「Kestos」。**如果有男性觸碰了這條腰帶，便無法勃起。**此外，讓他在不知情的情況下隨身攜帶的話，他就會變得像女人一樣。

而且，只要耳石被吃進口中，他的本質就會出現根本且決定性的變化，他將不再是男人也不再是女人，而會變成 *kinaidos*（軟弱）。

「為什麼一個努力贏得並維持丈夫之愛的女性，會試圖使用讓丈夫萎靡不振的魔法工具呢？」

研究人員法拉歐內和艾德蒙茲指出，這是因為她們想要抑制、束縛和控制男性的「憤怒」。

古希臘語中表示「憤怒」的單字 Thumos 具有廣泛的意義。包括憤怒、不悅、男子氣概。古希臘人認為憤怒、性慾和男子氣概之間存在本質上的關係。

所以，想要平息、抑制憤怒又激情的男人，就要控制他們的「男子氣概」。

這就是友愛類魔法的目的。[*11]

性愛與友愛的差別

雖然性愛類和友愛類都被歸類為「情愛魔法」，但可以發現它們是兩種完全不同的力量。

*11 其他例子：「名為埃妙妮的女性施展魔法的腰帶」，在色彩極為鮮豔的腰帶上有金色字體「φιλεῖ με: καὶ μὴ λυπηθῇς, ἥτις ἔχῃ μ ἕτερος」，意為「愛我，但是我被其他男人抱著時也別生氣」。
（Edmouds [2020], Faraoue [2001]）

似乎會在這種腰帶上寫咒語。

性愛類魔法的目標明確，會用釘子釘替身或焚燒替身，更具攻擊性和侵略性。相對來說，友愛類魔法則是在保護自己，會穿戴腰帶或寶石，以便控制和防禦。

奇怪了，這兩者的差異，似乎在哪裡有看過……沒錯，性愛與友愛──這二種愛的分類，與希臘魔法中另外兩大類別完全一致，就是**「咒術」**（第3章）和**「防禦術」**（第4章）。

許多性愛類魔法的技巧，與針對敵人使用的咒術完全沒有區別；而友愛類魔法，與在身上佩戴寶石和細繩，用於治療和保護的防禦術相同。

換句話說，它們分別屬於咒術和防禦術的子分類，而「情愛魔法」這種大分類，對古希臘人來說很可能並沒有被人意識到。[*12]

在這裡是一本供現代人閱讀的書籍，因此設定了名為「情愛魔法」的章節，但如果由古希臘人撰寫這本書的話，他們或許會把性愛歸為咒術的一個子分類，友愛則歸為防禦術的子分類，將它們視為起源完全不同的魔法。

*12 Faraoue [2001]第1、2節。

161　第 5 章　情愛魔法

這就是為什麼情愛類魔法整體上被歸類為「中間型魔法」的原因之一，這是一場在名為愛的領域上，所上演的咒術與防禦之戰。

馬上來看看這兩種魔法最直接的衝突吧！

性愛類魔法與友愛類魔法的直接對決

性愛類魔法和友愛類魔法都是屬於魔藥類魔法，也就是會**直接塗抹或讓人飲用的類型**。請參照史料4。

換句話說，古希臘的男人經常暴露在兩種完全相反的「愛情魔藥」影響（危險）之下。一種是自己用在自己身上，增強性慾的藥物……總而言之，就是**用於讓人愉悅且強烈勃起的性愛類藥物**。

從簡單的藥物，將蜂蜜和胡椒混合後塗抹在自己的東西上，到印度草藥「保證男人想要的話可以勃起最多12次！」，還有塗抹胡蘿蔔、塗抹芝麻菜、把驢子

的右睪丸當作手環戴著……。[*13]

例子多到不勝枚舉，古代男人為了增強性慾，一直會用各種東西塗抹在自己的東西上（現代的明智讀者請絕對要避免塗抹）。

另一方面，女性卻反過來偷偷地給予能讓男性**性功能下降的「友愛類藥物」**。這些藥物**完全不是**紅蘿蔔或芝麻菜這類健康的植物。

參閱史料4就會知道，都是一些**危險植物**，只要用量稍微出差錯就會害對方死亡。

就算男人在自己的東西上使用紅蘿蔔、蜂蜜和胡椒這類「性愛類魔藥」，也經常有可能被女人藉著有毒植物製成的「友愛類魔藥」強力抵消。

*13 有教養的古希臘人，會拐彎抹角地使用「自己的『東西』(πρᾶγμα)」、「自己本身」這種普通的單字來表示陰莖。有趣的是，這種委婉表現陰莖的方式，自西元前以來一直從未改變。

163　第 5 章　情愛魔法

魔法的魔藥祕方

> 性愛類與友愛類一直形同對立！

性愛類魔藥，男人會自行塗抹或戴在身上的東西

目的	主要的魔藥
為了和女人享樂	將胡蘿蔔汁塗抹在陰莖上。*14
為了和妾（？）享樂	用燕子糞和蜂蜜擦拭「自己」。*15
用於勃起	將蜂蜜和胡椒塗抹在「東西」上。或是另外加入芝麻菜！*16
想在公共浴室搭訕時 *17	從死狗身上取出**蜱蟲**讓牠啃咬胯下。
想和很多人性交時 *18	將芝麻菜和松果的種子與葡萄酒混合，空腹時飲用。
想讓女人愛上自己 *19	**陰莖霜**（明礬1德拉克馬、胡椒1德拉克馬、乾燥 mhnknwt 植物4德拉克馬、蘭花4德拉克馬。搗碎成乾燥藥粉塗抹於陰莖）
增強性慾和持久力	**春藥、球根**。**將驢子的生殖器**浸入熱油中7次，再用這個擦拭自己的東西。將**驢子的右睪丸**放入葡萄酒中服用，部分當作手環。*20
用來永遠束縛戀人的藥膏 *21	將野豬的膽汁、岩鹽和阿提卡生產的蜂蜜一起搗碎，塗抹在龜頭上。
保證男人想要的話可以勃起最多12次！*22（※最高紀錄70次）	**神奇的印度草藥**可惜的是並不清楚細節。*23

*14 文中寫道：「反過來不想讓陰莖勃起的話，要將電鰻腦塗抹在胯下。」(*Supplementum Magicum* 76，以下簡稱SM。)

*15 SM 83.5-6。關於燕子排泄物的藥理用途，請參閱Diosc., *Eupor. II* 48。

*16 參照SM VII 185-186; PGM LXI 58-62;《希臘醫藥編纂》1.5.10-18)。

*17 公共浴室會有偷窺狂和暴露狂出沒，且一直被視為適合搭訕少女和少年的地方（SM 76 Diosc. IV 153, 3f)。

*18 SM 83.5-6。

*19 PGM XIV 1046-55。

*20 植物的球根和睪丸形狀相似，因此具有同調關係。老普林尼的NH 28.261-262列出了一長串用於刺激性交的動物材料。
其他例子包括雞蛋（Ovid, *Ars Amatoria* 421-424; Athenaeus 63e)、鶴腦（Aelian, NA 1.44)、鹿尾巴（*Geoponica* 17.5.3, 19.5.4)和爬蟲類石龍子（老普林尼NH 38.91，如果將春藥、芝麻葉和胡椒混合在一起的話 (30, 119-200))。

*21 PGM VII, 191-192。

*22 有一個故事是一名男子發現自己在開始射出血之前，可以勃起最多70次（PGM VII. 191-192)。

*23 Theophrastus, HP 9.18.9.

史料4 性愛類魔法VS友愛類

> 少量服用後可以讓男人聽話的祕方，但用錯劑量會相當麻煩。

友愛類魔藥當中，植物的適當劑量和致死劑量

仙客來 *24
- 少量 最適合友愛類魔法
- 中量 陶醉
- 大量 死亡？

顛茄 *25
（約5g）
- 少量 用於惡作劇（1德拉克馬）
- 中量 暫時發狂（2德拉克馬）　永久發狂（3德拉克馬）
- 大量 死亡（4德拉克馬）

茄蔘
- 少量 最適合友愛類魔法
- 中量 止痛藥和失眠藥
- 大量 麻痺、死亡

夾竹桃
- 少量 讓男性目標變得溫柔開朗
- 中量 沉睡？
- 大量 麻痺、死亡

---

*24 仙客來和茄蔘分別出現在泰奧弗拉斯托斯《植物誌》9.19.3、9.9.1。關於使用茄蔘作為麻醉藥，請參照亞里斯多德《論睡眠與覺醒》456b31。

*25 Strychnos manikos。正確的種類並不清楚。除了顛茄（Atropa bel-ladonna）之外，還有其他植物，例如曼陀羅（Datura stramonium）（HP 9.11.6）。這些植物含有阿托品，少量會輕微刺激神經系統，大量則會導致精神障礙、憂鬱症甚至死亡。

165　第5章　情愛魔法

……這麼做的話,對方這名男性會平安無事嗎?**當然不會。**

有史料指出,在古希臘的男性社會裡,總是擔心女性所使用的友愛類魔法。

「有些女人會對丈夫使用友愛類魔藥(Filutora、麻醉藥),取悅從而控制他們!

如果這樣做的話,男人就會變成傻子,變得有氣無力,變得癱軟喔!

妳願意和這樣的丈夫生活在一起嗎!?」

——西元1世紀普魯塔克《道德 結婚的建議》(139a-)

此外,在同一時期的結婚證書上,也會要求妻子寫上「我發誓不與丈夫以外的人同寢,不會準備任何友愛類魔藥」。

這些史料如實地告訴我們——現實中女性給男性吃的愛情魔藥引發了一些問題,而當時的男性也打從心底十分害怕。

希臘神話中的愛情魔藥

在《奧德賽》中,也曾出現女人用愛情魔藥迷惑男人的故事。女巫喀耳刻讓來到島上的男人喝下「Kykeon」(古希臘的甜酒),使他們喪失「男子氣概」。她在這裡使用的情愛魔法,也是屬於友愛類魔法(荷馬《奧德賽》X 234)。
另一方面,請參閱英雄伊阿宋對美狄亞施展的性愛類情愛魔法「愛之鳥」(第154頁)(品達《皮提亞頌歌》〔Pythian Odes〕「第4號」)。
即使在希臘神話中,男人和女人使用的也是不同類型的情愛魔法。

166

情愛魔法與性別

就像這樣，友愛類的情愛魔法，是女人為了操控男人感情的手段。

當時的女人只有在結婚、生子、成為母親後才能獲得社會認可的地位。[*26] 否則，她的生活就會變得不穩定，完全建立在男性伴侶的反覆無常上。也是為了避免這種情況，她們才希望讓對方放鬆，馴服對方的攻擊衝動。

有趣的是，據說友愛類魔法不只有女性會使用，男性下屬也會使用它對付男性上司。

對於當時從屬於男性上司的男性下屬來說，「不想被上級罵」、「希望他對自己好一點！」的心情，幾乎和當時妻子想讓丈夫懷抱的友愛（Philia）感情是一樣的。

---

*26 適合想要避孕或懷孕的女性所使用的「子宮鑰匙魔法」：把子宮看作是一扇門，用鑰匙開門和鎖門以控制懷孕。範例：第 4 章寶石魔法的子宮鑰匙（第126頁）。

雖然這種使用方式脫離「情愛」的邏輯，但是在法律和政治的背景下，從屬的男性都會使用與女性情愛魔法相同類型的魔法，藉以獲得社會上層人士的青睞。

另一方面，使用性愛類魔法的人，也不是只有男性。研究人員斯特拉頓（Stratton）指出，宮廷女官和妓女等，能自己賺錢且獨立的女性，都會使用攻擊性的性愛類魔法。[*27]

就像這樣，希臘的社會結構，將下層人士定位為會使用「女性化」的友愛類魔法，將獨立的人定位在會使用「男性化」的性愛類魔法，而不是基於生物學上的性別。

妻子和男性下屬討上級男性歡心，在私底下試圖控制他們……如果你心想：「本以為看到的是古希臘的社會結構，沒想到它和現代卻沒什麼不同？」就意味著3000年前的古希臘社會結構，至今仍然是個原型。

*27 斯特拉頓將這種類型，與人們害怕共和制末期至羅馬帝國初期，菁英女性開始能夠更獨立管理財產和財富而日益增強的力量連結起來（Stratton [2007]）。

巴里納斯傳特別篇　大魔法師的履歷

話說回來，到目前為止，每一章的末尾都介紹了魔法師巴里納斯（提亞納的阿波羅尼烏斯）的傳記。

他是只用一個咒語就能施展難度最高的瞬間移動術、與吸血鬼奮戰、攻克古代洞窟地牢，並且會說「唉呀，我沒有做什麼了不起的事」的人。

我想大家已經可以理解，不管在古代，或是在整個人類史上，他就是一位格外出色的魔法師。稍後還會為大家介紹他的許多故事，包括喚醒死者以及與龍戰鬥，不過在這裡要先以履歷格式概括他的簡介。

他的出身、人生、所有的魔法以及死後的評價如下所述。

169　第 5 章　情愛魔法

魔法師的履歷 ❶

姓名

提亞納的阿波羅尼烏斯（西方國家）
／巴里納斯（阿拉伯語國家）

圖B

簡單的亞麻衣，赤腳，長髮，沉默，習慣看著地上說話。

時代、地區

西元1世紀，出生於提亞納（土耳其）。在西班牙到印度的廣大地區移動。

圖A

「你們抓不到我。因為我是不死之神。」 *28

簡介

生活在西元1世紀的魔法師，大約與基督同一時代。有時被稱為「最強大的魔法師」。*29

當時他流浪全世界的各個角落，獲得了古希臘、波斯、印度的所有祕密知識。因此，在世界各地都留下了施展高級魔法的史料。瞬間移動、使喚使魔、與吸血鬼和龍戰鬥，還有魔鏡和結界魔法！

特長是越獄。最無法應付的是女人。*30

主要成就

- 用魔法對抗並擊退吸血鬼拉米亞（第133頁）。
- 當時從世界的一端到另一端冒險，從大西洋到印度。
- 被皇帝圖密善捕獲，接受審判，並藉由瞬間移動逃脫（第33頁）。
- 使用亡靈魔法召喚英雄阿基里斯的幽靈，並且與之對話（第191頁）。
- 到特羅福尼烏斯的洞窟冒險，取得魔法書「畢達哥拉斯的奧義書」（第133頁）。
- 陪同亞歷山大大帝屠龍（第208頁）。
  ……其他還有許多成就。

「活著不必在意別人的眼光。否則，人生會在無人注視下流逝。」*31

特色雷達圖

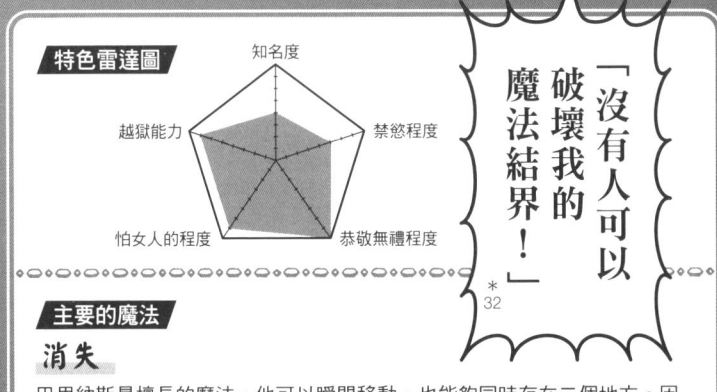

- 知名度
- 禁慾程度
- 恭敬無禮程度
- 怕女人的程度
- 越獄能力

> 「沒有人可以破壞我的魔法結界！」[*32]

主要的魔法

消失

巴里納斯最擅長的魔法。他可以瞬間移動，也能夠同時存在二個地方。因此，他以魔法師的身分在各地遭到逮捕，但是多次越獄。看來越獄對他來說並不是難事。

使魔的魔法

用咒語將召喚出來的神靈變成老婦人的模樣為自己服務的魔法。希臘魔法莎草紙中記載了詳細作法。

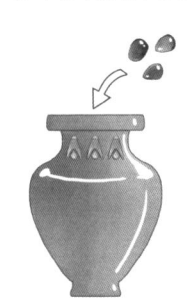

結合行星與寶石的結界術

範例：用來解決以弗所城惱人害蟲的巨大護身符（護符）。[*33]

用紅銅製作一個壺，在土星的第一個小時的星期六，於這個壺上刻出昆蟲的模樣。另外在黑色的紅玉髓上，刻上土星的名字和掌管這個時間的天使之名，然後放入壺中。將這個壺埋在城鎮中心很深的地底下。

據說這樣一來以弗所城裡便不再出現害蟲了。[*34]

魔鏡 （第141頁）

---

* [*28] 《伊里亞德》22.13。這句詩取材自阿波羅神說的一句話。
* [*29] Encyclopaedia of Islam, s.v. Balinus.
* [*30] 按照畢達哥拉斯的教義一直保持童貞。
* [*31] Philostratus [2005] 8.
* [*32] 《護身符大全》MS Paris BnF Ar. 2250。
* [*33] MS Paris BnF Ar. 2250。
* [*34] 這個祕方是用來製作護身符的技巧，它是占星術實體，行星土星少數幾個例子之一（MS Paris BnF Ar. 2250）。

圖A 凡爾賽公園、哲學家廣場 Barthélémy de Mélo（1685 - 1687）。
圖B Apollonius of Tyana. Line engraving by F. Cleyn, 1659.

171　第 5 章　情愛魔法

主要的台詞

我的確知道未來。然而，我並沒有使用任何不可思議的力量，只是正常地使用神僅會傳授給聰明人的智慧。
（被問及是否能使用預知未來的魔法時的回答。）*35

大哥，請你恢復理智。請不要再讓比你小的我說教了。
（說給他沉迷於喝酒、賭博、泡妞、驕傲地垂下染過的頭髮、走路有風的哥哥聽。）*36

巴里納斯大哥的特色雷達圖

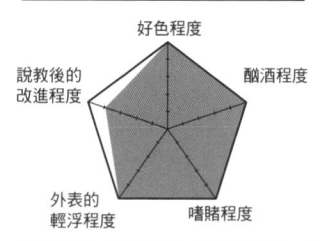

（雷達圖：好色程度、酗酒程度、嗜賭程度、外表的輕浮程度、說教後的改進程度）

來自周遭的評價

「巴里納斯，你是邪惡的魔法師，輕率、逞強、貪財又貌視法律。我知道，你也對我施展了黑暗魔法，你是試圖向我發起革命的一分子！」
（來自圖密善皇帝。）*40

「可以變成水、動物或樹木後再試著越獄。」*41
（圖密善皇帝將巴里納斯關進監獄。）

圖A

---

* 35　Philostratus [2005] 4.45.
* 36　Philostratus [2005] 1.13.
* 37　當時正在從事「沉默修行」（不說任何話的修行），所以透過筆談溝通（Philostratus [2005] 1.15）。
* 38　Philostratus [2005] 8.7.
* 39　Nau (ed.), Apotelesmata (cit. note 6), pp. 1372-1373.

> 如果你們獨自霸占大地的果實讓人民挨餓，我不會允許你們踏上這塊土地。*37
>
> （為了保護被政府官員剝削的窮人。）

> 就算你俘獲了我的肉體，也無法擄獲我的靈魂……不對，我要修正一下。你們甚至無法捕獲我的肉體。*38
>
> （對抗皇帝圖密善，瞬間移動脫逃的場景。）

> 在伯利恆由少女生下的人，將會成為偉大的主（意指基督）。他將拯救人類，摧毀偶像的神殿。但說到要破壞我的魔法結界技巧，可是沒有人做得到。*39
>
> （對魔法弟子的發言，在教授魔法結界技巧時的事前介紹。）

巴里納斯死後，不肖弟子說：

「巴里納斯大師的靈魂不朽果然是騙人的吧？我已經呼喚大師的靈魂9個多月了，但是他一點回應也沒有。**他已經徹底死了。**」

（隨後，巴里納斯的靈魂出現並向他射擊。）*42

「大家視他為魔法師，因為他融合了外國的智慧，另外，又反過來強行將他當作賢者再貶低他。但是他從未被魔法所迷惑，為什麼人們認為他是魔法師，而不是神呢？」

（斐洛斯脫拉德對巴里納斯的評價。）*43

---

* 40、41　Philostratus [2005] 7.33.
* 42　Philostratus [2005] 8.311 8.
* 43　Philostratus [2005]. 在整個史料中，作者斐洛斯脫拉德本人一直試圖證明巴里納斯擁有神通力，但他並不是魔法師。

概述

他的歷史地位與基督相似,包括以下幾點:「生活在西元1世紀」、「是歷史上的人物」、「做出科學無法解釋的行為(例如治病、死後復活等等)」。
換句話說,很難將他的一生和成就劃分到現代「史實/傳說」的框架中(就像基督一樣)。
然而,歷史上毫無疑問的是,巴里納斯展示了超自然的力量,並被古代的人們視為魔法師或神的存在。

圖B

西方與東方、古希臘與基督教,甚至於阿拉伯——他所到之處都留下了有他名字的魔法。

評價

古希臘:流浪的哲學家/畢達哥拉斯教徒/魔法師。
早期基督教:苦修主義者/基督的先驅者/魔法師。
中世紀以後:邪神的使者*44、魔鬼的爪牙*45、偉大的魔法師。
阿拉伯語國家:精通科學(煉金術、魔法、占星術)的人,結界和護身符的高手。
現代:常以傳奇魔法師角色出現在娛樂作品中。
史蒂文・塞勒(Steven Saylor)的歷史小說《帝國》(*Empire*, 2010)、阿夫拉姆・戴維森的《Masters of the Mase》(1965)。

主要的史料、魔法書

- **斐洛斯脫拉德《阿波羅尼烏斯傳》(西元3世紀)**
- **希臘魔法莎草紙(西元3世紀),阿波羅尼烏斯的魔法項目**
- **《護身符大全》*46(約西元6世紀?)**
  在古代會說:「讓我們來製作魔法物品!」
  記載了刻有咒語的金屬板,以及使用圖像的結界護身符(護符)的製作方法。可以防止北風、蠍子、蚊子等進入整座城市,或是反過來吸引牠們而設置的巨大結界。
  它也是一本基於希臘傳統的占星術書籍,有系統地列出了時間、星期幾、月分、季節等,與黃道十二宮、行星以及掌管它們的靈性存在之間的對應關係。

---

*44 *Encyclopedia of Islam* 1 994-95; Oxford Dictionary of Byzantium 1 137-38.
*45 17世紀的歷史學家路易斯・塞巴斯蒂安・勒奈因・德・蒂勒蒙(Louis-Sébastien Le Nain de Tillemont)。
*46 正確的書名是「關於提亞納的阿波羅尼烏斯的《Apotelesmata》知識與理解的書,傳授給自己的弟子蘇斯塔蒙・塔拉松」(MS Paris BnF Ar. 2250)。

圖A 有著圖密善皇帝頭像的古羅馬帝國銀幣。
圖B 提亞納的阿波羅尼烏斯,F・克萊因所作線雕銅版畫。

年表

他與耶穌基督生在大約同一個時代（在提亞納城，即現在的卡帕多奇亞）。
為貴族後裔，可能是這座城市創始人的親戚。

14歲時，他被託付給塔爾索的修辭學家厄修德摩斯（Euthydemus）照顧，但是他討厭當地居民的奢侈生活，後來在父親和指導者的允許下，搬到鄰近的艾格鎮。他在這裡廣泛地學習柏拉圖哲學、懷疑論、伊比鳩魯哲學和逍遙哲學。
最後他由赫拉克利亞的歐開諾斯（Oceanus）訓練，據說他一直以畢達哥拉斯學派為優先。

此後，他開始實行嚴格的苦修主義。避免動物製食品和羊毛織品，避開飲酒以及和女人的交往，留長髮，並且寄身在艾格的阿斯克勒庇厄斯神廟。

20歲時，因父親去世而被召回提亞納。
他幾乎把財產都贈予了酗酒成性、過著放蕩生活的哥哥。後來把自己剩餘的財產送給貧窮的親戚後，返回畢達哥拉斯派的修行。

直到**25歲**，他都在沉默修行，即「不說任何一句話」。在此期間，他獲得了哲學的祕密真理。

40至50歲時，他前往東方、印度冒險。 在那裡他遇見了印度的賢者，被傳授了祕密知識。

45至55歲時，他回到愛奧尼亞各城市，在那裡他首次開始展示奇跡般的力量，推測是基於他從東方獲得的一些知識。
他來到希臘本土，就像到處踢館一樣造訪神殿和神諭所。而且會爭論宗教的問題，**並聲稱自己才是神的代理人。**
→**自然而然，他非常討人厭，而且被禁止以魔法師身分進入所有神殿。不過他會強行進入某些神殿（第133頁）。**

隨後，他改變路線前往羅馬，並在尼祿頒布起訴魔法師的詔書後不久抵達。但是，執政官擔心**魔法可能使起訴書上的文字消失**而宣告他無罪。

隨後，儘管他被捲入羅馬的政治鬥爭，還是踏上了前往衣索比亞的旅程。

圖密善皇帝即位後，阿波羅尼烏斯為了拯救安納托力亞各地區脫離暴君統治而奮戰。
有人下令將他傳喚到羅馬，但是他認為自首比較恰當。後來他被戴上鎖鏈，關進了監獄。
他被彙整出三項罪名，包括**服裝和外表怪異、被當作神來崇拜以及施行邪惡魔法（讓小孩當活祭）。**
但是他瞬間移動從迫害者面前消失無蹤，並且在同一時間現身在另一個地方，之後他前往希臘，在那裡停留了2年。

或許，他在所到之處，都會創造「護身符」（結界）來抵禦困擾城市的東西。例如阻擋北風、蠍子和蚊子等等的結界。

175 第 5 章 情愛魔法

> **年表**
>
> 晚年,他可能在以弗所度過,在那裡他透過心靈感應目睹了暴君圖密善的死亡。
>
> 據說最後他在克里特島聖地逃脫肉體的牢籠,成為了不朽的存在。
>
> 他死後**經常化為靈體出現在世間**。
>
> **死後的年表**
>
> **西元1世紀基督教興起和多神教的衰退 ── 重大的歷史轉折點形塑了魔法師。**
> **古希臘思想**使他成為流浪的畢達哥拉斯教徒,另一方面,早期基督教也將他定位為苦修主義者和基督的先驅。
> 換句話說,在兩種文化的衝突當中,他對雙方來說都是英雄。
>
> **3世紀**,為了表明巴里納斯並不是「魔法師」,斐洛斯脫拉德撰寫了《阿波羅尼烏斯傳》,這本書成為了解他生平的主要資料。
>
> 到了**16世紀**,他逐漸成為基督教徒的異教象徵。在東羅馬帝國,直到君士坦丁堡淪陷為止,人們一直將他視為邪神的使者而懼怕他,但又讚許他是魔法師。
>
> **當時在阿拉伯**
> 他的傳說隨後傳到了阿拉伯。在阿拉伯語中,因為發音的關係他的名字叫作「阿波羅尼烏斯」,後來變成「阿巴里納斯」,再變「巴里納斯」,並以「羅馬魔法師巴里納斯」的身分步上了新的人生。*47
> (同樣的現象也導致亞歷山大大帝在阿拉伯國家被稱為「伊斯坎達爾」)。
> 在那裡,他被描述成精通煉金術、魔法及占星術等的魔法師,成為廣受歡迎的英雄。
>
> **現在**,就像這樣,西方與東方、古希臘與基督教,甚至於阿拉伯……所有的文化都滋養了他的傳奇。現代更是因神祕主義和娛樂領域擴展開來。

*47 在阿拉伯語的傳統中,由阿波羅尼烏斯所撰寫的最著名的文本,可能是 *Sirr al-khaliqa*。有關這個版本和翻譯,請參照 Ursula Weisser, Das "Buch über das Geheimnis der Schöpfung" von Pseudo-Apollonius von Tyana (Berlin: De Gruyter, 1980)。最早用阿拉伯語撰寫的阿波羅尼烏斯的研究之一,是在18世紀末由史坦施內德(Steinschneider)發表的 Moritz Steinschneider, "Apollonius von Thyana oder Balinas bei den Arabern," *Zeitschrift der Deutschen Mor-genländischen Gesellschaft*, 1891, 45: 439-446。最近的研究請參照 Martin Plessner, "Hermes Trismegistus and Arab Science," *Studia Islamica*, 1954, 2: 45-59. Raggetti, L. (2019)。

18世紀左右巴里納斯的圖像。
人面獅身像跟隨著他。

第6章 亡靈魔法
Nekromanteia

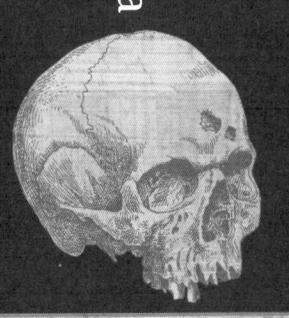

史料1 魔法師之王皮蒂斯*1 任何杯子都能吸引過來★

1 隨著日出為太陽神帶來第一道咒語「帳篷」

「……太陽神海利歐斯，
聽見我○○的聲音，然後給我力量，
給我**控制**這個悲慘死去的男人**靈魂**的力量。
我手裡拿著的這個，是從他的帳篷帶過來的。
為了讓他留在我○○的身邊。
作為我想做任何事情的幫手，
或是作為復仇者……」

2 夜晚為太陽神帶來第二道咒語，從「帳篷」帶著杯子回家

帶著「杯子」
「金髮的海利歐斯啊，乘著永不停息的大氣之風，
操縱永不熄滅的火焰，
盤旋在偉大天極周圍的你啊……
我召喚你。
如果你潛入地下，到達死者的領域，
　（一般認為在夜晚，太陽會沒入
　　地平線以下，前往地下的死者國度），
命令『這個人』，帶來我身邊。
我擁有『這個人』的帳篷。

海利歐斯啊，讓『這個人』，
告訴我，我想聽到的一切。
讓他完整、如實地說出來。
讓他充滿仁慈，讓他失去反抗我的念頭。
……然後我的整個身體都要保持完好無損，
保護我以迎接早晨到來。
此外，『**這個人**』可以在何時何地，
為我提供什麼服務，
還有，什麼時候要作為我的幫手為我效勞，
要明白告訴我……」

要點：操控死者的方法，只需要一頂帳篷和一個杯子！如你所見，亡靈魔法並不違法♡

魔法♪

(PGM IV 928-2005)

3 「審問」的儀式 用葉子覆蓋「杯子」

作法

① 準備一枝有13片葉子的常春藤。

② 從左側開始用沒藥在每一片寫上
SOIΘEPXAΛBAN
OΦPOYPOP
EPHKIΣIOΦH...

（以下省略剩餘的3倍字數）。

③ 將這個常春藤王冠戴在「杯子」上，然後施展同樣的咒語。

Skyphos。用器皿製成的酒杯，附有兩個「耳朵」。

在任何地方都不會使用屍體！

④ 在杯子的額頭刻上相同的字母。
墨水是由蛇血和金工的煤灰混合製成。

*1 皮蒂斯（Pitys）是出現在魔法莎草紙中，一位精通魔法的國王。但是歷史上卻無人知曉他的身分，這可能是埃及先知比迪斯（Bedius）不同的發音所致。

操控死者是最大的禁忌!?

無論古今,**死亡都是人類無法控制的領域。人類一旦死亡便永遠無法開口說話,也不能從墳墓中爬出來。**

而**亡靈魔法(Nekromanteia)**是一種終極的魔法,侵犯了這種生與死的絕對界限。[*2]

為了讓死者吐露唯有他們知道的祕密,或是使喚死者攻擊某人,而和屍體、亡靈和冥界打交道以進行操控。這種傳統且高超的魔法,在希臘最古老的敘事詩《奧德賽》(西元前8世紀)中也出現過。

馬上來看看**傳說中的魔法師之王皮蒂斯,是如何隨心所欲地操控亡靈的。**上一頁的史料1便是最可怕的亡靈魔法!!

──這就是亡靈魔法!?對於操控靈魂這個可怕的目的來說,不會太草率

*2 古希臘語中的亡靈咒術「nekromanteia」、英語稱「Necromancy」。其他古希臘語同義詞有亡靈術「nekuia」、亡靈啟示術「nekuomanteia」、亡靈召喚術「psychogogia」等等。

在日語中有多種翻譯,諸如亡靈術、亡靈咒術、亡靈魔法、亡靈啟示和屍術等等,但是在這裡會使用「亡靈魔法」這個翻譯。

180

嗎？只是「唱歌，舉起杯子，用常春藤纏繞」……亡靈魔法還真令人失望……

如果你這麼想的話，那麼2000年前亡靈魔法師正在祕方的另一頭竊笑著。這是因為，他們用了某種**「暗號」**記述下來，為的就是讓門外漢如此以為。

只要你仔細閱讀這個祕方，你就會發現一些奇怪的事情，例如**「杯子」**。特別是接下來的部分。

將這個常春藤王冠戴在**「杯子」**（skyphos）上後，施展同樣的咒語。接著在杯子的**額頭**刻上相同的字母。

無論你怎麼想都覺得奇怪對吧？這個**「杯子」**有**「額頭」**，好像可以戴上一頂**「王冠」**……簡直就像是人類的頭一樣吧？

沒錯，這裡提到的杯子，就是**「頭蓋骨」**的暗號。

於是在一開頭的那句，**「我從某人的帳篷帶過來的這個（頭蓋骨）」**也就能夠解讀出來了。這並不是意味著字面上所示的帳篷，而是**「某人的屍體」**的暗號。

現實就是如此。

181　第6章　亡靈魔法

另外，也請注意「第二天晚上為太陽神帶來第二道咒語，從『帳篷』帶著杯子回家」。雖說是**「回家」**，但是並不清楚之前施術者身在何處。不過畢竟是一處有屍體的地方，所以只是含糊一些卻可以推測是身在**「墓地」**。

換句話說，對於門外漢而言會讀解成「從某人的帳篷帶回用常春藤纏繞的杯子」，但是對於能夠破解暗號的亡靈魔法師來說，這意味著**「前往墓地，從屍體上取下用常春藤纏繞的蓋頭骨」**[*3]。

在漫畫《鋼之鍊金術師》中有一個場景：一個重要的煉金術祕方被偽裝成烹飪書中的配方，以便只傳給適合的對象。而這種亡靈魔法就是想法相同的古代版本。

亡靈魔法涉及損壞和操控屍體，以「一般」的感覺來說算是最為忌諱的，所以它隱藏著必須慎重為之的真正含義——「哪來的⋯⋯屍體？頭蓋骨？墓地？從來沒說過那樣的話。只是用了一個杯子而已喔！」

*3 順帶一提，之所以能破解這點，是因皮蒂斯咒語的版本過於模稜兩可，以至於書記抄寫魔法書後，將部分「帳篷」重新翻譯成「頭蓋骨」。感謝那位粗心的書記，為未來的我們破解了它（Faraone [2005]）。

讓幽靈實際出現加以操控的魔法

再為大家介紹另一個更為精巧的亡靈魔法祕方。

史料2是以「書信」形式寫成的，類似於**魔法師之王皮蒂斯與波斯國王的宮廷魔法師奧斯坦尼斯（Ostanes）**[*4]，這二位魔法師的隨意對話，不過這次應該可以破解祕方中的偽裝。

最後一部分，當然不是在說把一張皮鋪在路邊睡覺的醉漢底下，而是在說**要在屍體下方設置魔法陣**。

（從墓地）回家後，「他」正站在那裡。這個他也不是一個活人，而是指一個死人。

*4 奧斯坦尼斯是波斯國王的宮廷魔法師，在波斯戰爭期間，他大規模施展亡靈魔法，把希臘軍隊嚇得半死。如果當時的亡靈魔法是在這裡學會的魔法，那將會是令人興奮的發展（參閱第210頁起「各類型魔法師」）。

183　第 *6* 章　亡靈魔法

史料2

魔法師之王皮蒂斯 祕藏使喚死者的亡靈魔法

（PGM IV 2006-2144）

皮蒂斯寫給宮廷魔法師奧斯坦尼斯

你好。
你每次都會問起
「聖杯（**頭蓋骨**）」的事。
所以我認為我必須告訴你一些
祕密的事情。
相信它一定會讓你
非常高興。

……吸引人，或是反過來貶低人、
發送夢境束縛人、
透過夢境獲得啟示，
靠這個魔法就能全部辦到。
只需要適度替換
咒語的「目的」部分即可。

作法

- 在取自驢子背部的皮膚上，用特殊的墨水描繪魔法陣。
- 墨水由獻祭的驢子心臟之血，和銅匠的煙灰混合製成。
- 有一個長著獅臉還會噴火的男人，他的左手纏繞著一條蛇，右手握著一根權杖。
- 在其周圍寫下咒語。

作者按照魔法書中的指示製作出來的魔法陣

大到某種程度的魔法圖形在此被稱為「魔法陣」，雖然傳統上會使用「魔法圈」一詞，但是在古希臘有時也採用三角形等形狀，而不是圓形。

咒語

最後寫下以下針對幽靈的咒語：
「亡靈啊，我以強大的神及其聖名命令你，今晚，盡你所能化身後站在我身邊。然後告訴我，你是否有力量執行我的命令？立即、立即，馬上、馬上！（欸—得—欸—得—塔庫、塔庫！）」

> 這個咒語是由一串毫無意義的字母、母音組成。

> 重要！要聆聽死者的來歷！！

> 寫在皮上因此方便攜帶！萬一被人發現了也可以馬上捲起來撤走。

- 隨後，立即前往「**某人**」躺著的地方，如果沒有的話，則前往有人被遺棄的地方。

  接著在日落時分，將驢皮鋪在「**他**」的底下。「回到家後」，「他」就會跟過來，站在你的身旁。然後他會告訴你自己是怎麼死的，在這之前他能做什麼，以及是否有能力提供任何服務。

185　第 **6** 章　亡靈魔法

封印試圖操控的愚人死者

請注意，在史料2的咒語中，就像現代的就業考試一樣，**通常會特別詢問死者的「來歷」、「死亡（願望）原因」和「資格」**。

換句話說，如果「這個人……可以做到！便採用他！大家一起工作」這樣最好，但也會出現「這個人……看錯人了！根本派不上用場！」的時候。這時，就要使用**「封印」**的魔法。

如果試圖操控的死者很愚蠢的話，魔法師就會把沙土塞進頭蓋骨的開口處，製作鐵戒指來加以「封印」，以免死者繼續說話或做任何動作（史料3）。

從死者的角度來看，這可說是未經允許被迫復活後，再被人告知：「你看起來沒有任何用處，所以還是算了，你別再說話了。」肯定會十分困擾。

不過，倘若成功完成被人命令的工作，也能得到供品等等的獎賞。[*5]

魔法中真的使用了血墨水嗎？

魔法有時會指定用血作為墨水，例如史料2便指定了「驢子心臟之血」。然而，這也可能是意指其他物質的暗號。儘管無法鑑定，但是葡萄酒、紅色歐洲銀蓮花等，已經被列為研究中的候選物質——當然還是有使用真正血液的可能性。

目前已知古代魔法中，「血」可以改用其他下述說法：

蛇血＝赤鐵礦石；**鍛造之神赫菲斯托斯的血**＝魁蒿；**戰神阿瑞斯的血**＝馬齒莧；**爐灶之神赫斯提亞的血**＝德國洋甘菊；**農耕之神克洛諾斯的血**＝松香。

即使魔法師告訴你「取來阿瑞斯的血」，也不可以真的去刺殺阿瑞斯（Cesteros [2019]）。

186

史料3 封印死者的魔法

（PGM IV 2125-）

用於不合適杯子的詛咒封印（katochos sphragis）

- 將囚犯的腳鐐熔化後製成鐵戒指。
- 一隻無頭獅子，將伊西斯神的王冠戴上去取代獅子的頭。牠的腳踩在一顆骷髏頭上。
- 另一隻是前腳踩在戈爾貢的頭上，長著貓頭鷹眼睛的貓。
- 在其周圍有下述咒語形成的圓圈。

伊阿多爾・因瓦・尼開歐里克斯・布里斯

ΙΑΔΩΡ ΙΝΒΑ ΝΙΧΑΙΟΡΛΗΞ ΒΡΙΘ

亡靈魔法的「代價」

反之對於施術者來說，是否存在危險呢？——當然有，比其他魔法多更多。

施展亡靈魔法，意味著接觸絕對終極的「死亡」狀態。

根據古希臘人的觀念，冥界是死者的地下世界。不過，現世與冥界並不是像二層樓建築那樣的平行世界。生與死是像夾在河川之間的鏡面對稱世界。

＊5 一般為死者準備的祭品包括香、花、葡萄酒、牛奶、完全烤熟的豬或雞等等，也許這取決於魔法師是否能得到好東西……

187 第 6 章 亡靈魔法

為了接觸死亡，施術者也同樣必須接近死亡[*6]。想讓死者稍微復活，施術者也必須稍微死去。

亡靈魔法師喜歡穿著黑色的衣服，就是因為黑色是幽靈最典型的顏色[*7]。

雖然亡靈魔法師是研究死者的專家，但是幽靈更是專家（因為它們實際上死過一次了）。因此，尤其是詢問自己的死期，或是把自己的名字託付給死者，意味著把脖子暴露在死神面前一樣危險。亡靈魔法就是一種會被帶入冥界，經常存在死亡危險性的魔法。

亡靈魔法暖人心扉

「這種禁忌的魔法哪裡算是『中間型魔法』呢？明明就是咒術和黑魔法吧!?」

[*6] Ogden [2001].
[*7] 據說，幽靈比起汙穢（auchmeros）、陰暗，還要更加黑。

[*8] 四大亡靈神諭所分別是伊庇魯斯阿刻戎河畔的亡靈神諭所、黑海沿岸赫拉克利亞（Heraclea Pontica）的亡靈神諭所、坎帕尼亞阿韋爾努斯的亡靈神諭所，和伯羅奔尼撒泰納隆岬角的亡靈神諭所。多數被設置在與冥界有關的地方，例如洞窟或湖畔等地。詳細資訊請參照第195頁。

[*9] 帕薩尼烏斯將軍的復仇幽靈附身在斯巴達的雅典娜神殿中，攻擊了所有斯巴達人。為了驅除他的復仇幽靈，斯巴達人從義大利（可能是來自阿韋爾努斯的亡靈神諭所）召來最強大的亡靈

不過，亡靈魔法本身並不是禁忌，被禁止的是損壞屍體還有挖掘別人的墳墓，因為操控亡靈、向死者詢問事情並不一定總是出於惡意。

舉例來說，假如你真的想再和已故的妻子交談。

或者，像是要驅除附身在某個地方或某個人身上的邪靈，將之強行送入冥界的時候，亡靈魔法也經常用於善意。

事實上，在古希臘就有4個官方認可的**亡靈神諭所**[*8]一直在運作著，**國家級的專業亡靈魔法師**[*9]十分活躍。

在亡靈神諭所裡可與死者交談，專業的亡靈魔法師會驅除各地附身的復仇幽靈[*10]。例如在西元前4世紀的一則軼事：斯巴達戰士被附身於神殿的復仇幽靈所困擾，在物理上他們無計可施，於是召來了最可怕的亡靈魔法師。

在後來的古羅馬文學中，亡靈魔法被塑造成行為不良如怪物般的角色，這與我們現代對亡靈魔法的印象有著很大的關聯。然而，古希臘社會有一個特徵，就是亡靈魔法本身一直被視為「尋常」的事情。

魔法師集團。斯巴達人給人肌肉發達十分強壯的印象，沒想到他們竟然害怕幽靈。專業的驅鬼方法：帶一隻黑羊，抓住其角或前腿，讓牠走路。羊來到有問題的邪靈所在之處後，就不會再踏出一步。在那處誦咒語、描繪魔法陣，將羊燒死獻祭給神靈（普魯塔克《英雄傳》；蘇達辭書（Suda）s.v.Psuchagogias）。

*10 戰場上亡靈遊蕩，老屋裡幽靈出沒，還有像菅原道真這樣著名的復仇幽靈。

189　第 *6* 章　亡靈魔法

跨越生與死的界線，對每一個時代、社會和人類來說都是很重要的欲望和議題。而古希臘人則是習慣使用亡靈魔法，作為解決這個問題最直接、最明確的方法。

在古希臘，死亡比今日更常在人們身邊發生。當時的人均壽命約為20至30歲。在這個沒有抗生素、沒有醫院，且城邦之間每年都會爆發戰爭的世界裡，死亡的惡臭瀰漫在街頭和家中。

「古希臘人為什麼想要使用亡靈魔法這種奇怪且可怕的魔法呢？」——這個祕密，和「那我們為什麼不想施展亡靈魔法呢？」這個問題是一體兩面的。如今我們生活的世界，死亡離日常生活十分遙遠，以至於亡靈魔法不再成為選項之一。

190

巴里納斯傳 5　大魔法師用亡靈魔法召喚英雄阿基里斯

斐洛斯脫拉德《阿波羅尼烏斯傳》第 4 章 11 至 16 節（西元 3 世紀）

大魔法師巴里納斯，站在傳說中的**特洛伊平原**[*11]。這裡是荷馬的《伊里亞德》中所描述的「特洛伊戰爭」發生地。

傍晚，大魔法師前往**英雄阿基里斯的墳墓**[*12]——敘事詩中的主角，因腳跟中箭而死在這個地方——接著他對弟子說道：

「你們回到船上去吧！我要在阿基里斯的墓地過夜。」

「老師啊，這太危險了！阿基里斯已經變成可怕的復仇幽靈還盤踞在這裡。你會被殺死的！特洛伊人都這麼認為。」

＊12　現在被認為是阿基里斯墓地的土堆（特洛伊平原）。

＊11　特洛伊遺址。

「你們沒讀過《伊里亞德》嗎?阿基里斯以前是個很善良的男人。」

大魔法師列舉了《伊里亞德》中歌頌過的英雄阿基里斯的優良特質,並提出自己對阿基里斯的解讀,最後這樣說道:

「如果像你們所說的那樣,他會殺死我的話——我就會和《伊里亞德》所描述的英雄死在相同的地方!就像被阿基里斯殺死的門農和庫克諾斯一樣!

而且,說不定特洛伊人會將我埋在『空蕩蕩的洞窟』裡,就像敘事詩裡寫的一樣!啊啊,就像那個赫克托爾一樣!」

因為大魔法師是《伊里亞德》的忠實粉絲。

他一個人坐在阿基里斯的墓地裡,開始召喚阿基里斯的亡靈。

他沒有像一般亡靈魔法的步驟一樣進行儀式,像是挖掘洞窟,或是將羊血倒入這個洞窟裡,他只是念誦咒語後這樣大喊:

「阿基里斯啊!大多數人都說你已經死了!但是我並不贊同這種說法。就像傳授我知識的畢達哥拉斯是不朽的一樣,你也是不朽的!——如果我是對的,請你自己現身吧!請用我的眼睛來證明你自己的存在!」

就在墓地附近發生短暫的地震後不久,一名身高達5皮米(約2公尺25公分),穿著塞薩利斗篷的年輕人出現在大魔法師的面前——**是阿基里斯!**[*13]

大魔法師這樣回憶當時的情形:

「一開始他的外表果然十分嚇人,但是在我們的交談當中他逐漸敞開心扉,變得開朗起來。他的美麗無法用言語來讚美,不如說他的美麗是被吟遊詩人所鄙視的程度……」

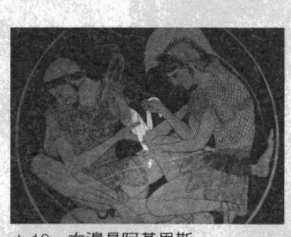

*13 右邊是阿基里斯。

二人一直聊到早上,而且大魔法師還告訴同伴,他向阿基里斯詢問過關於特洛伊戰爭的專業性問題,後來只得到了5個問題的答案。

而且他也沒有忘記要叮囑這件事:

「請不要因為只有我見過阿基里斯的長相,而大家都不知道,再加上我親耳聽說了特洛伊戰爭的內情,便認為我是在說大話。」*14

*14 大魔法師的採訪和阿基里斯的故事,都有留下具體的記錄。「你是否像詩人所說的那樣,和你朋友帕特羅克洛斯(Patroclus)的骨頭一起被埋葬了呢?」→Yes,等等之類的《阿波羅尼烏斯傳》第4章。

194

至今仍位在阿刻戎河河畔的 亡靈神諭所

四大亡靈神諭所之一,伊庇魯斯阿刻戎河河畔的亡靈神諭所至今仍然存在,現在還是可以參觀。
阿刻戎河在希臘世界的西部邊緣,一般相信它會注入冥界。

攝影/作者

這裡是最著名的亡靈神諭所,被記錄在歷史之父希羅多德（Herodotus）的《歷史》（西元前5世紀）中。已故科林斯王妃梅麗莎（Melissa）的亡靈被召喚到亡靈神諭所,向她的丈夫佩里安德（Periander）國王說了下述這句話:**「你把麵包放進了冷掉的爐灶裡了。」**
也就是說,佩里安德淫姦了梅麗莎冰冷的屍體。而指控的內容,就是已經變成靈魂的梅麗莎看到的這一幕。
然而,關於這座遺址是否為《歷史》中出現的亡靈神諭所,或是其他的建築物,一直存在爭議。
（希羅多德《歷史》5.92；普魯塔克《基門》6.6；保薩尼亞斯《希臘志》1, 16, 3；New Pauly, s.v. Necromancy；Ogden [2001]。）

阿刻戎河河畔。陰暗的沼澤地區旁邊,渡河之後就能看到一座亡靈神諭所。

亡靈神諭所的最底層。過去只有祭師（亡靈魔法師）才會進入這個地方,據說生者和死者的「會面」就在這裡正上方的大廳舉行。

亡靈神諭所的內部。前來與死者會面的人,必須在這裡淨化身體長達29天。以禁食肉類、只在晚上出門等方式,讓身體徹底接近冥界（死者）。

古 代 魔 法 照 片 庫

現存的魔法物品

男人想讓4個女人同時變女朋友的詛咒石板

「不要讓她們沉睡！冥界的諸神啊！

日日夜夜，被我的愛所驅使，被欲望所驅使，被對我的欲望所驅使。

用狂野的激情和欲望，讓她們陷入焦慮。

為我抓住波斯圖馬、特爾圖利納、佩爾佩圖亞和坎迪達，把她們綁起來，帶來給我……」

(西元3世紀)／蓋蒂博物館

> 令人驚訝的是，他似乎想要腳踏4條船。

具有防禦術的腰帶

(西元前3世紀，雅典國家考古博物館)

> 十分奢華，因此可能也適用於婚紗。

海克力斯之結（將兩條繩子相互纏繞的繩結）相當牢固，難以解開。後來，它常被設計在女性的腰帶上，作為防禦的護身符。

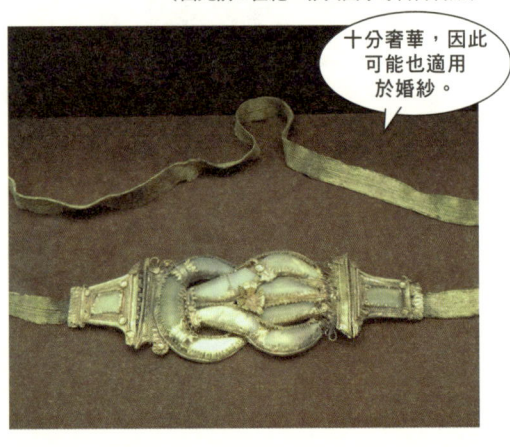

裝飾著海克力斯之結的腰帶。

死後使用的護身符

（西元前4世紀，於培拉出土）

護身符基本上是在活著的時候用來保護身體的東西，但有些也會埋在墳墓裡，以便在死後的冥界保護身體。

黃金葉子的護身符，上面寫著對冥界女王波瑟芬妮的請求。

玄關地板上破除邪眼的馬賽克圖

（西元2世紀，安條克附近）

吸引一切災難的眼神。在古希臘語中，Kai su 意指「還有你也是！」。

> 看來也不會有人上門推銷了。

烏鴉、三叉戟、劍、蠍子、蛇、狗、蜈蚣和野獸，還有倒過來的陰莖。

避免壞事從玄關進入。

197　第 *6* 章　亡靈魔法

赫爾墨斯的魔法陣：服從的咒語

（西元4世紀，收藏於大英圖書館）

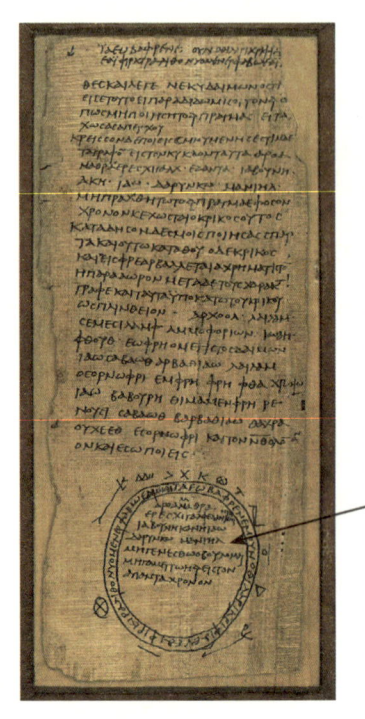

「我將【目標】與【目的（事情）】捆綁在一起。
讓他什麼也不說、不抵抗、不反對；
只要這個魔法陣一直被埋藏，就讓他服從於我。我束縛了他的心、思想、欲望和行動。
阿羅阿馬托拉・厄勒斯奇加魯呼・
厄丹達・伊阿布內・卡內・
咻啊哦一達呂恩寇・馬尼厄魯！
不要讓我希望的任何事情發生。
讓【女性名字】永遠不能結婚。」

迴文！
（咻啊哦・巴呼勒內姆恩・
喔堤拉里・庫厄費阿厄聿・厄阿伊・
費魯奇拉通・嗚喔・
內內魯法伯厄阿伊）

畫出魔法陣，在既定的步驟之後連同鐵戒指一起埋入地下。

安條克鼠王

魔法師巴里納斯製作的寶石魔法護身符，第一次犯了錯誤（詳情請參照第136頁）。

MS Paris BnF Ar. 2250, ff. 132v-133r（《護身符大全》）。

198

古代占星術的天宮圖

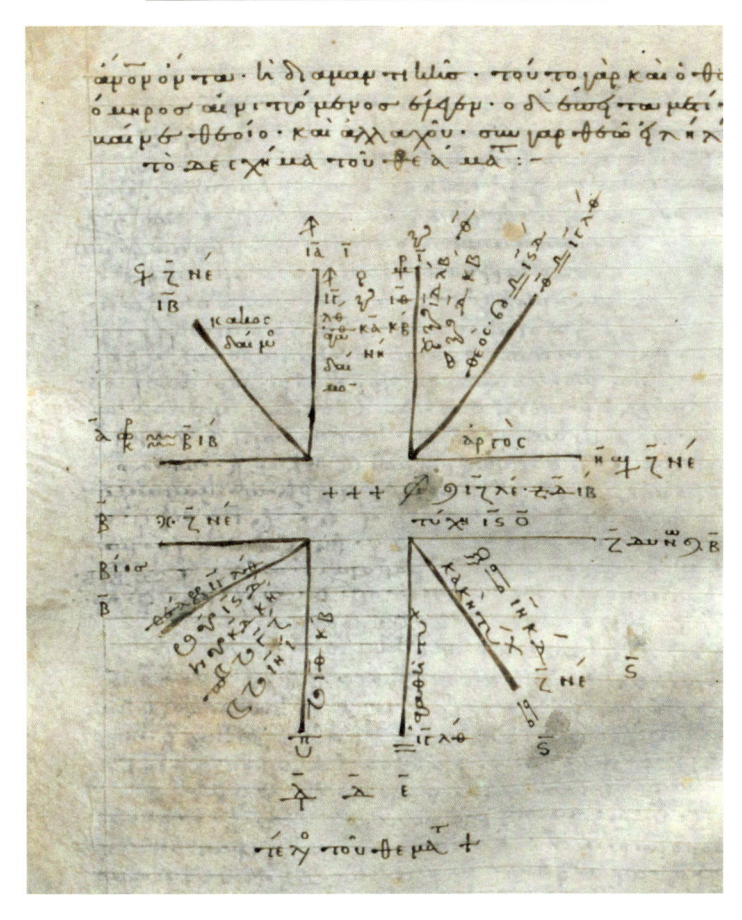

這是現存最古老的天宮圖，是西元498年10月28日下午12點35分的占卜。它不是現代圓形的形狀，而是由直線的十字和三角形所組成。更詳細的解釋請參照第7章〈天體魔法占星術〉的篇幅（第224頁）。

出處：Hermi medici Mathematica . Ermou latrou mathematika . Seu potius Syntagma astrologicum ex variis collectum astrologiae iudiciariae scriptoribus;
Carta: 143 Greek horoscope diagram with date October 28, 497, in Eutokios (about 1000 ce). Florence, Cod. Laur. Plut. 28, 34.

透過煉金術將銀變成金

古代魔法書中的煉金術實驗（參照第8章〈實用煉金術〉，第282頁）。

|作者所做的實驗|

❶ 將氫氧化鈣和其他所有材料煮沸後的液體。

❷ 一片拋光的銀。

❸ 將②浸入①的液體後，金屬片立刻變成黃褐色，然後液體也變成金色的「神之水」。

❹ 加拿大銀幣變成金色的樣子。

200

間章 魔法與科學的新時代

逐進展開的世界、學問與魔法

你曾經經歷過世界改變的瞬間嗎？

就是在西元前4世紀的這個瞬間，**亞歷山大大帝**(西元前365至323年)[*1]遠征東方，開創了新的時代。希臘文化傳播到世界各地，同時東方的文化、科學與價值觀也傳入希臘。在當時的時空條件允許範圍內，東方與西方的世界連為一體。新時代「**希臘化時代**」(西元前323至30年)就此來到。

當世界在變化的時候，首先改變的就是空氣中瀰漫的味道。來自東方前所未聞的香料、水果和鮮花，乘著絲綢之路的風而來到。這些氣味伴隨著陌生的語言以及新的知識⋯⋯

「從這裡開始東邊是呈現這樣的地形」、「在東方會有這類的天文觀測和計算方式」、「這麼說來，如果將這些與希臘的知識結合起來會變成怎樣呢⋯⋯」

----

*1 希臘北部的馬其頓國王，他向希臘東方的波斯發動了大規模遠征，直到印度的印度河。雖然試圖融合希臘（西方）和波斯（東方）文化，但是在某些部分還是發生了衝突。

*2 安提基特拉機械是非常精密的古代天文鐘，於1910年被人從海底打撈上岸。它由40多個齒輪、釘子和錶盤所組成。製作於西元前2世紀左右。只要轉動搖柄齒輪就會轉動，每個天體都會在錶盤上回轉。復原

亞歷山大大帝。

202

「古代的天文鐘」
安提基特拉機械 *2
（西元前2世紀）

實物

仿製品

由40多個齒輪所組成。
（收藏於雅典國家考古博物館）

有月亮、太陽和行星的指針，可以指示出位置。
（修復品，雅典國家考古博物館）

希臘文化逐漸與巴比倫尼亞、埃及天文學以及全世界的技術和科學融合在一起。

尤其在這個漩渦的中心，就是建於埃及的新城市**亞歷山卓**。這片土地不再是許多法老和金字塔建造者十分活躍的古埃及，如今已經成為國際化希臘文化圈的一部分。

在亞歷山卓燈塔下方、神殿環繞的大型圖書館裡，都吸引了來自世界各地追求學問的人。

諸如地球是圓的，這已是常識。

既然如此，後來有人便試圖正

亞歷山卓燈塔（示意圖）。

後的機械只有太陽和月亮的齒輪，但是可能也存在行星的齒輪。

根據最近的研究，其對於識別古希臘的曆法，發揮了至關重要的作用。錶盤上顯示的伊庇魯斯曆法，即為目前希臘世界理解最深入的曆法（Iversen [2017]; Jones [2017]; Merchant [2009]）。

203　間　章　魔法與科學的新時代

希羅的蒸氣自動門（圖解和再現實驗）

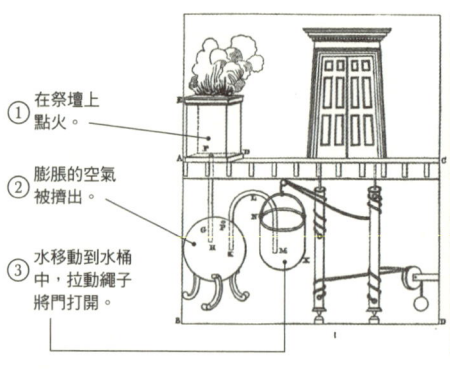

① 在祭壇上點火。
② 膨脹的空氣被擠出。
③ 水移動到水桶中，拉動繩子將門打開。

確計算這個球體的大小，他就是**圖書館館長埃拉托斯特尼（Eratosthenes）**。

還有**科學家阿基米德**，他也嘗試計算整個宇宙是多大的球體。

不滿足於桌面上的計算，後來利用齒輪和蒸汽技術創造出自動門的人，則是**技師希羅（Heron）**[*3]。

兼具學者與詩人身分的卡利馬科斯（Callimachus），則試著將西方世界最初1000年間所寫的所有書籍分類，並加上注釋。

數學、天文學、物理學、光學、工學、醫學、文學、法學、歷史學、文法學、地理學、哲學和自然歷史，許多構成

[*3] 希羅的自動門是在點火後就會自動打開，熄火時則再次關閉。在祭壇上點火時，其下方的空氣便會因膨脹而被擠出，傳到管子後將水推出去。於是水桶就會變成吊墜，將連動的門打開。有時也會使用質量高達水13倍的水銀。
在日本大學理工學院渡邊亨教授，以及其研究室的合作之下，進行了再現實驗。在這場實驗中，門順利打開了（Humphrey, Olesen & Sherwood [1997]）。

204

我們現代文明基礎的學術領域，都是在那裡建立起來的。

在希臘和埃及諸神凝視的金色書架下，每個人都懷著熊熊燃燒的野心想要提升學問的成就。

希望達到前無古人、後無來者，無人能及的知識高峰。想成為在真正意義上夠格被稱作**「哲學家」（熱愛知識的人）**的人。

然而在世界的某個角落，卻有一雙眼睛挑釁地看著諸神。他們就是**新時代的「魔法師」**。

日漸垂暮的諸神

話說回來，日益增長的新知識與傳統神話卻形成了激烈衝突。

「我去過世界的盡頭卻沒有找到怪物」、「自然現象並不是諸神的憤怒。地震和月食也都可以用科學來解釋」。

「仔細想過之後，宙斯總是見異思遷根本不值得信仰吧？」

「將這種充滿謊言和暴力的故事，當作傳統繼續傳承下去真的正確嗎？」

當圖書館裡每增加一卷卷軸，希臘神話的世界便一步步變得更狹小。

神話曾經在解釋我們生活的世界時發揮了重要作用，但是在這個時代，大部分都已經失去意義。

儘管如此，希臘人花費1000多年口耳相傳下來的希臘神話，並不是科學的一次打擊下就一夜之間被扔進垃圾桶的傳統。

諸神需要一個新的棲身之處。

但是，諸神究竟該逃往何處呢？──飛出地球進入**星星**當中，或是縮小後進入**化學物質**裡頭。

被豎立在各處街角的旅人之神墨丘利，移居到了天上的水星當中，或是變成水銀移居到了實驗器材裡頭。

不僅科學家見證了這個轉變，魔法師也見證了這個變化。如果可以操控以神為名的天體的話⋯⋯如果可以操控擁有諸神力量的物質的話⋯⋯**沒錯，你自己甚至可以成為神**。

希臘化時代科學的擴張和諸神的反抗，試圖將魔法帶往新的地方。

僅僅觀察和研究萬物並不會得到滿足。如果擁有知識，想必也能夠改變行星的軌道，甚至可以將卑金屬變成純金，讓命有定數的人類永生不朽。

「天體魔法」和**「煉金術」**——魔法開始介入只有神才被允許的領域了。

巴里納斯傳 6

大魔法師與亞歷山大大帝

尼扎米（Nizami）*4 的《Iskandarnameh》第32篇，391節（西元12世紀）

隨著亞歷山大大帝征服世界，魔法的未來也發生了巨大變化。後來魔法師的傳說也和亞歷山大大帝一起，被中東世界所接受。

在希臘以東的波斯，有一座由巨大的龍（dragon）守護的火之神殿。*5

如果有人經過神殿旁邊，龍就會用火焰吐息焚燒，或是用牙齒吞噬。

沒有人看到龍不會恐懼，沒有人能夠侵入這個聖地。

西元前4世紀。正在遠征東方的亞歷山大大帝路經了此地。

*4 尼扎米是最偉大的波斯詩人之一。

*5 這是祆教的神殿。

208

「我聽說那條龍是女巫變身的。東方有什麼魔法可以讓女人變成龍嗎？我很想打敗那條龍，將這個祕密據為己有。」

「陛下，有人精通這類法術，」大臣向國王進言，「就是**偉大的魔法師巴里納斯**。把他找來吧！」

很快就被傳喚到國王面前的巴里納斯說道：

「如果國王希望的話，我就把韁繩套在女巫龍的頭上讓您看看。」

於是，亞歷山大大帝和魔法師巴里納斯的屠龍故事就此展開。*6

魔法師巴里納斯被亞歷山大大帝召喚。12世紀的波斯寫本（收藏於大英博物館）。

*6 亞歷山大大帝身處年代是西元4世紀，巴里納斯是西元1世紀，相差300年之久。然而，在後來的阿拉伯傳說中，這兩位受歡迎的人物竟被編進故事，超越時代並肩作戰。畢竟大家還是想看國王與魔法師的故事。也是這時，亞歷山大大帝開始被視為伊斯蘭英雄，這主要因其被當成是《古蘭經》第18章中所出現的「雙角王」(Dhu'l-Qarnayn) (New Pauly [s.v. Iskander])。

209　間　章　魔法與科學的新時代

各類型魔法師

儘管是簡單的「魔法師」一詞，還是可以區分成很多類型。
現在就來為大家介紹具代表性的6種類型。

「神靈附體」型

對「靈魂操控」最感興趣的人（別名 *Phoibolamptos*，意指被阿波羅神俘虜的人、陷入出神狀態或恍惚狀態的人），即所謂「薩滿」類型，經希臘世界證實最古老的男性原住民魔法師的類型。*7 他們可以暫時將靈魂與身體分離、暫停生命、轉生、瞬間移動，同時存在於不同的地方或消失（分身）。或者說，他們的特徵是具有驅除邪魔和**操控靈魂**的能力。這是必須通過死亡考驗才能獲得的能力（前往冥界冒險，並在那裡醒悟後回到人世）。他們還擁有占卜的能力、能夠控制元素，亦與阿波羅信仰有關，且能去除污染和瘟疫等等。

時代	出身「暱稱」名字	名言／軼事／出處
神話時代	「音樂家」奧菲斯	希臘神話中著名的音樂家。他抱著豎琴以肉體進入冥界，試圖將妻子的靈魂帶回來。對於渴望「死而復生」的魔法師而言是象徵性的存在。*8
神話時代	「神之子」特羅福尼烏斯	阿波羅的兒子。位於希臘的特羅福尼烏斯洞窟以「考驗」之地而聞名，巴里納斯曾進入洞窟取得了畢達哥拉斯的奧義書（第134頁）。
西元前7世紀	普羅科內索斯的「烏鴉」阿里斯提亞斯	他死後又復活了，還化身成烏鴉的形態陪伴著阿波羅（希羅多德4.13-6）。
西元前7世紀	「靈魂出竅」的赫莫提莫斯	「當我正在靈魂出竅時，絕對不要讓任何人觸碰我的肉體。絕對不行。」 他是一位悲劇的魔法師，曾經像鴕鳥俱樂部一樣脫口說出搞笑的話。他能夠自由地靈魂出竅，但是在一次靈魂出竅時肉體被人送去火化，可惜的是他只剩靈魂存在（ii B.C. Apollonius Historiae Mirabiles 3）。

*7 現代「薩滿」的概念，就是源自於通古斯民族的巫覡。
*8 現在比較著名的版本，是奧菲斯在冥界違反回頭的禁忌，最後無法將妻子帶回來。但是在古代卻有各種版本，諸如「他把她帶回來了」、「他把她帶回來了，但是只帶回了她的靈魂」、「他根本就沒有妻子」等等。

時代	出身「暱稱」名字	名言／軼事／出處
約西元前600年	「我正在尋找我的羊……我的羊。」 克諾索斯的「淨化者」埃庇米尼得斯	某一天中午，他出去找羊而進入了一個洞窟，後來在那裡沉睡了57年才醒過來－古希臘的浦島太郎。當他醒來後，他的羊和土地已經全部變成別人的了。他沉睡期間似乎目睹了一場冥界的審判，清醒後他得到了淨化瘟疫的力量，後來利用一隻羊淨化了雅典的瘟疫。據說他活到了154歲。 （FGrH 457 T1-11 零碎資料集等等）
西元前6世紀？	許珀耳玻瑞亞的「飛行旅人」阿巴里斯	→古希臘魔法物品「阿瓦里斯的飛箭」持有者（第138頁）。
約西元前530年	「我會永遠活著。」 薩摩斯島的哲學家畢達哥拉斯	因畢氏定理而聞名的數學家和哲學家。雖然在現代他給人正直的感覺，但是在古代傳說中他是一位「魔法師」，會乘著飛箭飛行、從冥界活著回來、在兩地同時出現、擁有前世的記憶，甚至河流會向他致意。據說他每隔216年會在人間復活，並永遠活著，還有他的大腿是金子做的。 （亞里斯多德《論畢達哥拉斯學派》F191〔西元前4世紀〕；第歐根尼・拉爾修8.41〔西元3世紀〕；士麥那的赫爾米普斯〔Hermippus of Smyrna〕FGH 1026 F24〔西元前3世紀〕；波菲利的《畢達哥拉斯傳》28-9等等〔西元3世紀〕）
西元1世紀	魔法師巴里納斯 ＝提亞納的阿波羅尼烏斯	→魔法師的履歷（第170頁）。
約西元2世紀	「我要去鬼屋。別擔心，沒事的。我有一本書（魔法書）。」 「突擊鬼屋」的亞里格諾多斯	在科林斯有一座宅邸會發生幽靈現象，所以沒人敢住。亞里格諾多斯一個人進入那座宅邸與幽靈對決。當他正在閱讀時，幽靈向他襲來，變身成狗、牛和獅子，但是亞里格諾多斯念誦咒語將它們擊退。最終他削弱了幽靈的力量，後來發現幽靈的屍體就埋在地底下。 （琉善《Philopseudes》30-1〔西元2世紀〕）

> 那些聲稱能夠操控魂魄（靈魂）並做一些好事，例如驅鬼或預言的人，乍看之下很善良，但是反過來他們也能夠召喚幽靈做壞事。

哲學家柏拉圖、醫生希波克拉底等人（柏拉圖《理想國》364 b-e〔西元前4世紀〕；v-iv B.C. Hippocrates, *On the Sacred Disease* 1.10-46 Greek）。

異國魔法師

擁有稀奇異國賢者智慧的人。 希臘人將自己眼中位於東方的異國人，尤其是將巴比倫尼亞人與天文學、占星術和天文魔法連結在一起。＊9

許多出現在古希臘的男性魔法師，都是來自近東和埃及的古代文明地區，並具有操控這些文明智慧的強烈特徵。尤其「magic」一詞源自魔法師（希臘語 *magos*；古波斯語 *makus*ˇ），原本便意指波斯帝國專業的賢者。

主要魔法師

時代	出身「暱稱」名字	名言／軼事／出處
？	瑣羅亞斯德 （Zoroástres）	古希臘人認為瑣羅亞斯德是第一個在波斯發明魔法的人。傳說他曾用詩歌來讚美一種名為阿斯特里昂的石頭並用於魔法。 （老普林尼《博物志》37.133）
西元前420年代	波斯國王薛西斯的隨從魔法師 **奧斯坦尼斯**	「我可以透過水、泡沫、空氣、星星、油燈、碗、斧頭和其他各種方法來使用魔法。我還能和幽靈及冥界的死者交談。」 「諸位弟子，書在神殿裡。」 **亡靈魔法就要看這個男人施展！** 歷史上，最令古希臘人聞風喪膽的波斯專業魔法師。波斯戰爭期間，他帶著旗下的魔法師前來，施展華麗的魔法，包含召喚並操控死者、合力念誦咒語以平息狂風等等。 由於他在特洛伊平原召喚特洛伊戰爭的英雄，使得希臘一方陷入恐慌。 他死後變成了幽靈，並將煉金術的祕密傳授給弟子德謨克利特（→第8章）。 （希羅多德7.43,113-4,191；老普林尼《博物志》30.1-20；德謨克利特《Physicaet Mystica II》〔西元1世紀左右？〕）
西元2世紀	尤利烏斯·阿非利加努斯	他寫過關於女性的魔法祕方，但只留下了零碎資料，包含下述內容： ・選擇嬰兒性別的方法。 ・恢復女人貞操的方法。 ・減肥藥的製作方法。 ・睫毛膏的製作方法（與老普林尼〔33.102,107〕的祕方相關）。 ・讓白髮變黑的方法（參照 Περὶπαραδόξω νἀκουσμάτων, 13-64 in Duffy 1992 (=T7)）。

＊9　有一種假設是，魔法文化在西元前1600年至1200年（邁錫尼文明）從近東傳入了希臘。

212

埃及的祭司魔法師

擁有理應遺失的魔力的一群人。埃及的魔法師以「祭司」的身分出現,尤其被人與占星術連結在一起,但是實際上卻並非如此,這只是古希臘人給人的印象(第7章)。然而在西元1世紀的色薩盧斯時期,據信幾乎所有「魔力」都已經從埃及消失了(Thessalus, *De virtutibus herbarum*, prol., 13)。

主要魔法師

時代	出身「暱稱」名字	名言／軼事／出處
西元1世紀?	特拉勒斯的「醫生征服者」色薩盧斯	「阿斯克勒庇俄斯神,為什麼圖書館裡的醫療魔法書無效呢?」 為了與醫神阿斯克勒庇俄斯交談,借助了埃及祭司的力量,施展召喚魔法。 阿斯克勒庇俄斯暗示醫術和占星術之間有所關聯。 反之,也有一些情況是期待與阿斯克勒庇俄斯見面的人,他們失敗了結果卻見到幽靈。 (*De virtutibus herbarum*, 1-28.〔參照 P.Oxy. 416; Stephens and Winkler 1995, 409-15〕)
?	埃及的魔法師卡拉西里斯(Kalasiris)	「與幽靈有關,或是依賴植物和咒語的並不是真正的智慧(魔法)。真正的智慧是仰望天空、追蹤星星的動向,並受益於和未來有關的知識。」

招魂師

招魂師(*Engastrimuthoi*)、腹部先知(*engatrimantis*)。幽靈和神靈住在腹中,藉由他們的嘴巴說話。這類的魔法師只剩下歐律克勒斯(Eurycles)這種人,但是似乎也有女性(參照柏拉圖智辯家的古代註解)。

女巫

Pharmakis，主要是涉及藥物（Pharmakon）的女性。過去認為女巫的力量來自藥草、藥物和毒藥，會「傳染／遺傳」，由她的孩子或家族成員繼承。出現在希臘文學中的女巫（喀耳刻、美狄亞等）多數都是想像出來的人物，但是她們比男性更為顯眼。黑卡蒂被描繪成發現藥草及Pharmaka的人，最終這也成為她幾位女兒的專長。美狄亞的魔法，則都會以藥物為媒介來施展。

時代	出身「暱稱」名字	名言／軼事／出處
神話時代	喀耳刻、美狄亞	美狄亞的魔法，全都是以藥物為媒介來施展的。
傳統上	**我可以用咒語安撫眾神。** 「伊索寓言」的女巫	有一群男人舉發她是女巫，並審判了她，而結果是他們將她判處死刑。看到她被帶離法庭後，有一個人說道：「妳明明說妳可以避開惡魔的憤怒，為什麼妳連一個人類都無法說服呢？」（《伊索寓言》56） 伊索（Aísōpos）是傳說中的人物，這個故事類似民間故事，用來譴責那些承諾偉大成就，卻連中等程度的成績都拿不出來的女性。
西元4世紀？	「邪視」的泰奧里斯	女巫泰奧里斯本人和她的整個家族，因為使用了以藥物為基礎的魔法而被處以死刑。據說女巫的力量會從女主人傳給女僕，從母親傳給兒子。 (Ca. 330 B.C. Demosthenes 25 [Against Aristogiton] 79-80)

煉金術師

請參照煉金術師的篇幅

背景：19世紀的美狄亞雕像

第 7 章 天體魔法 Astromanteía

史料1 能成就一切的熊咒語、天體魔法的注意事項

（PGM IV 1275-1322～；XIII 53-以下）

「我呼喚妳，天上最偉大的力量，由主神任命，用妳強有力的手臂轉動神聖的天極……
熊啊！
最偉大的女神，統治天上，支配星極，最崇高、最美麗、最閃耀的女神！妳是不巧的元素，萬物的複合體，照亮一切，連結宇宙者！

```
AAAAAAA
EEEEEEE
HHHHHHH
IIIIIII
OOOOOOO
YYYYYYY
ΩΩΩΩΩΩΩ
```

連續母音的咒語
（參照第2章〈咒語〉）

站在天極之上者啊，被主神任命用強而有力的手轉動聖極者啊！」

注意事項 需要破解密碼
「（在開始這種向天體施展的魔法之前）須念誦時間之神、太陽之神和星期之神的名字，並向他們念誦強制性的咒語。否則，神不會傾聽，也會拒絕接受不成熟的魔法師。」

理論 擁有知識者可以使用魔法
運用天文學和占星術的知識，破解「密碼」，並操縱天體。

天體魔法是什麼？

所謂的天體魔法，是一種不當操縱行星和星星力量的魔法。由於會從背後侵入宇宙這個終極的世界，因此施法的魔法師也需要擁有當時的終極知識，**也就是**「天文學」和「占星術」的知識。

在本書中，將依照下述定義分別區分出與天體有關的三個古老領域，即「天文學」、「占星術」和「天體魔法」。[*1]

① 「**天文學**」是**觀測**並**記述**宇宙的運動。
② 「**占星術**」是**解釋**宇宙運動對人類造成的影響。
③ 「**天體魔法**」利用①和②的知識來干涉和**操控**天體。[*2]

---

*1 ①天文學和②占星術是基於古代天文學家托勒密（Ptolemaeus）在《占星四書》1.1的定義。

*2 當古文獻中出現「天文學」和「占星術」時要特別留意，大部分是依照現代人的感覺區分，像亞里斯多德這樣的權威人士在談論天體時，即使在占星術的領域也會使用「天文學」這個翻譯。也有人對此提出了批評，有人提議在古代的天文獻中使用「Star Talk」等其他用語，只是尚未實行（Nicholas [2012]）。另外，「天體魔法」是本書為了方便所使用的稱呼，請注意古代並沒有這個用語。

217　第7章　天體魔法

然而，正如古希臘語所示，①天文學和②占星術的領域在古代並沒有嚴格區分，要特別留意。（也就是說，天文學家＝占星術師。天文學家也有可能同時在私底下施展天體魔法。）

「觀測」和「解讀」天體，並破解天體的「密碼」，最後到達「操控」的境界——這就是天體魔法。

現在就開始來看看，古代學識最淵博的魔法師，是如何操控天體的。

【觀測星星】天文學

希臘化時代的夜空，是**阿基米德**（西元前287至212年左右）[*3] 和**埃拉托斯特尼**（西元前3世紀）這些留名至今的古代科學家在凝視的天空。

科學家正在建構一個新的宇宙，他們在巴比倫尼亞和埃及天文學的影響下，開始將過去相距甚遠的「物理學」與「神話」融合了。[*4]

[*3] 這兩個人也是筆友，阿基米德寄給埃拉托斯特尼一封挑釁的信件說道：「你能解出這個計算題吧？」順便說明一下，這個計算題在1965年被人解開了。

[*4] 現在已知，天文學和占星術起源於美索不達米亞地區。然而，古希臘人卻一直認定埃及才是占星術的發源地（因為他們一直相信埃及壓倒性的古老文明和神祕主義）。

事實上埃及的許多祭司會對星星感興趣，僅僅是為了曆書和儀式中實用的時間量測。關於未來的預測，埃及人是依靠神話的先例而不是星星，而埃及神話中並沒有關於占星術基礎概念的記述。換言之，法老時代的埃及人對占星術並不感興趣！

儘管如此，希臘化時代撰寫

眾多行星曾經只是環繞天空的物理光線，後來開始具有希臘神話中諸神獨特一格的性格。正如同金星是美麗女神阿芙羅黛蒂，火星是戰神阿瑞斯。

行星的神化！──這是現代常見的感覺，但是古代人普遍認為奧林帕斯的諸神與人類是相同樣貌，所以在過去的宗教觀可說是無法想像的「科學」觀點（資料2）。

而且，那些肉眼可見的諸神，在科學上可以觀測和預測的天體軌道上運行。**這是一個在物理學上符合邏輯的諸神世界。**這就是希臘化時代所看到的新宇宙。

話說回來，當希臘的多神教被注入物理性的宇宙中時，古希臘人的**「思考習慣」**便顯現出來了。「如果諸神是行星的話，若他們沒有形成美麗且完整對稱的系統結構，肯定會令人不舒服。」

有關占星術原理的希臘人，都會根據源自埃及的書籍展開討論。例如至高神赫爾墨斯‧崔斯墨圖，以及埃及占星術師涅切普索，和佩特西里斯所寫的書等等。從歷史角度來看，這些著作必須被視為希臘化時代的偽造品（Dieleman, [2003]）。

219　第7章　天體魔法

資料2 天體與諸神的組合

> 現在行星還是擁有古希臘或羅馬諸神之名，不過這是在希臘化時代確立的新概念。

> 反對行星的神化，失敗！*5

行星(拉丁語)	巴比倫尼亞	古希臘 神話名稱	古希臘 科學名稱
土星（Sāturnus）	尼努爾塔（尼尼布）	克洛諾斯（涅墨西斯）	費諾恩（指示自我者）
木星（Jūpiter）	馬爾杜克	宙斯（歐西里斯）	費提翁（光輝耀眼者）
火星（Mārs）	內爾加爾	阿瑞斯（海克力斯）	皮洛埃斯（燃燒者）
金星（Venus）	伊什塔爾	阿芙羅黛蒂（伊西斯）	佛斯佛羅斯（帶來光明者）赫歐斯佛羅斯（帶來黎明者）赫斯貝羅斯（夜晚的金星）
水星（Mercurius）	那布	赫爾墨斯（阿波羅）	斯提爾博恩（閃爍耀眼者）

因此，希臘神話中與巴比倫尼亞諸神有著相似特質的諸神，就各自被分配到了希臘的天體中。就像伊什塔爾＝愛之女神，所以在希臘神話中就是愛之女神阿芙羅黛蒂。

> 將閃耀的天體與諸神等同視之的觀念是從巴比倫尼亞傳承而來。

*5 行星的「神話名稱」學派和「科學名稱」學派……對於將行星與希臘諸神等同視之的想法，也有一些人提出反對。就像是最好依據行星的外觀特徵來進行科學命名比較好，應將紅色的火星稱作「燃燒者」一樣。但是，這種嘗試最終卻失敗了。

直至今日，不僅在占星術的境界裡，就連在科學的領域中，行星還是與當時一樣用希臘諸神的名字稱呼。當時「科學名稱」學派肯定咬著手帕充滿遺憾。

此外，「神話名稱」學派並非堅如磐石，有時候在一個行星上也會分配到好幾個神。例如「火星＝內爾伽勒＝戰神……阿瑞斯，但海克力斯不也不錯嗎？」

220

對古希臘人而言，左右不對稱或是沒有形成「組合」的東西，都是不平衡且令人不舒服的。如果他們看到日本器皿的「歪曲」文化，說不定會生不如死。

因此，他們的行星系統也才會**加以系統化，使行星之間互相對稱，構成美麗的秩序**。請參閱資料3，想必能感受到古希臘人對於「組合」的堅持。

【資料3解說】

① **7個天體**在不會動的地球（大地）和最外層的恆星星球（天空）之間旋轉。

② 正中央的太陽將行星分成**二組，每組3顆**。

③ 外層的三合星是代表三世代（祖父、父親、兒子）的克洛諾斯、宙斯和阿瑞斯。

④ 內側移動較快的三合星包含2顆女性行星阿芙羅黛蒂、阿提密斯和赫爾墨斯[*6]。

⑤ 靠近太陽的火星和金星炎熱且乾燥。

*6 赫爾墨斯在神話中是男神，但是在占星術中他被解讀成雌雄同體或無法區別雌雄（遵循整體結構）。

221　第7章　天體魔法

資料3 古代占星術的行星系統

天空（天王星）

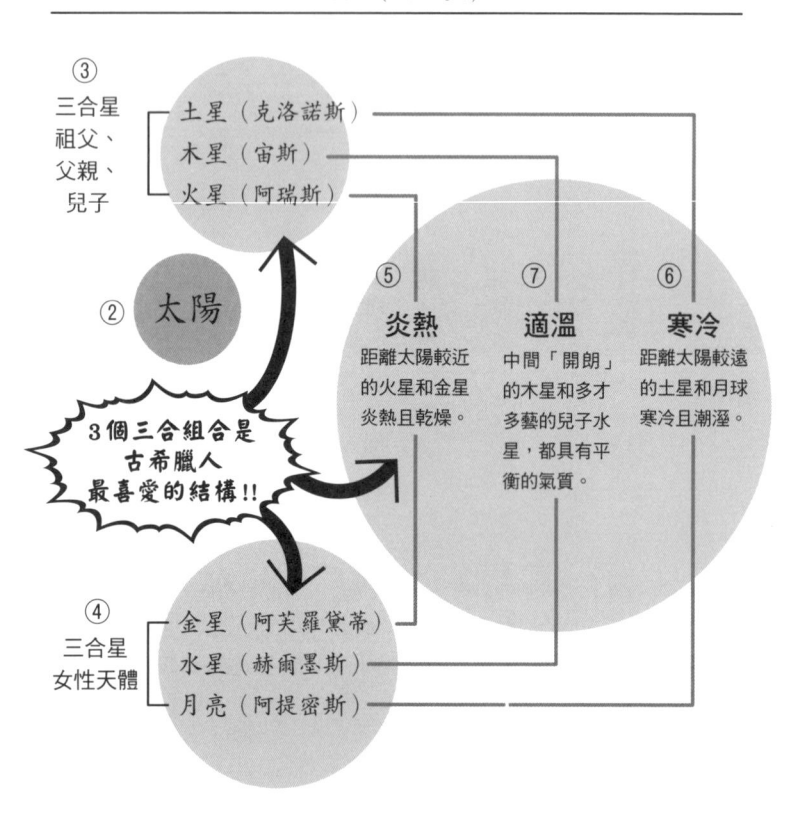

③ 三合星 祖父、父親、兒子
- 土星（克洛諾斯）
- 木星（宙斯）
- 火星（阿瑞斯）

② 太陽

3個三合組合是古希臘人最喜愛的結構!!

⑤ **炎熱**
距離太陽較近的火星和金星炎熱且乾燥。

⑦ **適溫**
中間「開朗」的木星和多才多藝的兒子水星，都具有平衡的氣質。

⑥ **寒冷**
距離太陽較遠的土星和月球寒冷且潮溼。

④ 三合星 女性天體
- 金星（阿芙羅黛蒂）
- 水星（赫爾墨斯）
- 月亮（阿提密斯）

大地（蓋亞）

⑥距離太陽較遠的土星和月球寒冷且潮溼。

⑦中間「開朗」的木星和多才多藝的兒子水星，各自都具有平衡的氣質[*7]。

換句話說，**3個三合組合是完美對稱！感覺棒極了……!!**

這對古希臘人來說是件非常舒服且恰當的事情。[*8] 這個古老的行星系統，自科學家阿基米德以來就已經得到證實，從未受到質疑。

話說回來，要如何運用這個天體運動來解釋人類的命運呢？這時就是**占星術**大顯身手的時候。

[*7] New Pauly, s.v. Astrology.

[*8] 然而，並不是所有人都持有相同的宇宙觀，尤其魔法師會從各種資訊來源引用自己魔法書中內含的咒語。特別是首要的史料「希臘魔法莎草紙」，它是為了魔法師所設計的實用指南，所以宇宙觀並不一致。

223　第**7**章　天體魔法

史料4 古代實際製作的天宮圖

西元497年10月28日下午12點35分的占卜結果（引用自10世紀的寫本）

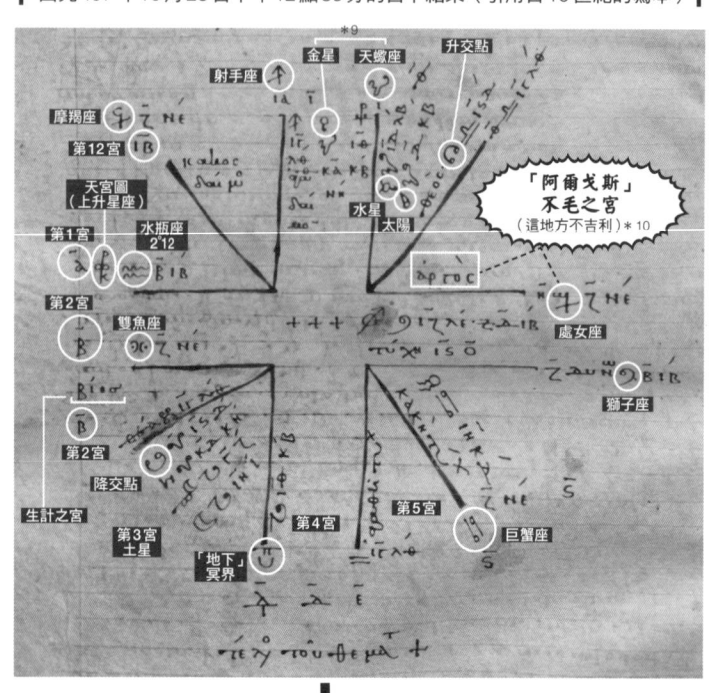

圖中標註：
- 射手座
- 金星 *9
- 天蠍座
- 升交點
- 摩羯座
- 第12宮
- 天宮圖（上升星座）
- 第1宮
- 水瓶座 2°12
- 水星
- 太陽
- 「阿爾戈斯」不毛之宮（這地方不吉利）*10
- 第2宮
- 雙魚座
- 處女座
- 第2宮
- 獅子座
- 降交點
- 生計之宮
- 第3宮 土星
- 「地下」冥界
- 第4宮
- 第5宮
- 巨蟹座

現代的天宮圖轉換圖

將上圖轉換成現代的天宮圖（會有誤差）。

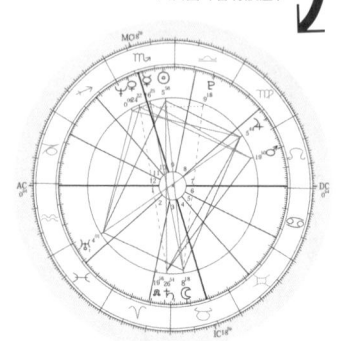

*9　金星和水星的經度相差約1度。誤差1度的精度，大約相當於天空中2個月亮的寬度，可以相信古代有能力的天文學家和占星術師可以做到這種程度。目前已有古代天宮圖出土，包含繪製在莎草紙上的天宮圖等等，但是占星術的符號都是象徵性的，因此很難破解。

*10　4世紀的占星術師包路斯·亞歷山大（Paulus Alexandrinus）說：「從天宮圖（圖表的開頭）來看，第8宮是……令人厭惡，因此被稱作不毛之地。」

※圖中有2個第二宮，但是不清楚這是誤植還是原本就是這樣。

224

【解讀星象】占星術

占星術師也和天文學家一樣，仰望著同一片天空——包含留下現存最古老占星術書籍的**多蘿修斯**（Dorotheus，西元1世紀）、**曼尼里烏斯**（Manilius，西元1世紀）和許多其他的占星術師。[*11]

「月球的引力與潮汐有物理上的關聯。另一方面，陽光則控制著溫度、季節變化和植物生長。**如果是這樣的話，天體是否也會對人類的生活造成影響呢？**」[*12]

——於是，占星術師的理論開始成形。

古羅馬作家馬克羅比烏斯（Macrobius）認為，人類在靈魂從天堂到降生的旅程中，會受到行星的影響。

[*11] 關於古代占星術的資料眾多。包括古占星師的手冊、實際製作的天宮圖、圖像，甚至還有「占星術是謊言！」這種攻擊對手的資料。然而，現存的大部分資料都源自羅馬帝國，只有少數最古老的希臘化時代史料保留下來。因此，本章將羅馬史料用於補充資料（見「天文學／占星術年表」第248頁）。

[*12] 也有一些人反對這種古代占星術的基本理念，批判古代占星術的急先鋒普羅提諾（Plotinus）表示：「太陽和月亮沒有問題，但行星和恆星是人類未來的原因，這點有些奇怪。」「諸神不應該隨著位置而變化，他們不可能如此情緒化。」

| 資料5 | 各行星、諸神以及對人類的影響（其中一例） |

土星	狡猾且理性的原始神**克洛諾斯**＊13	理性、理解
木星	活力四射的諸神之王**宙斯**	行動力
火星	擁有大膽精神的戰神**阿瑞斯**	大膽的精神
太陽	（藝術之神**阿波羅**）	感官知覺、想像力
金星	愛之女神**阿芙蘿黛蒂**	熱情、衝動
水星	敏捷的傳令神**赫爾墨斯**	口語能力、解釋能力
月亮	生育女神**阿提密斯**	播種和培育的力量

※請注意，在古代的占星術中，為了解釋會將諸神的本質扁平化、象徵化和單純化，與實際上所信仰的諸神本質略有不同。

當靈魂從天上落下經過行星附近的時候，會暴露在各個行星的光芒下，靈魂從而在那裡獲得統治各個行星的諸神「特質」。舉例來說，金星是愛之女神阿芙蘿黛蒂，因此這個人會受到情愛（情緒）特質所影響。＊14

影響是好是壞？性質和數量如何？都取決於當下行星的位置。

因此，占星術中最重要的是這個人被宇宙形成的瞬間，也就是「生日」。

只要觀察生日當天星星的配置，就可以「看到」行星的光芒在那個人的靈魂上烙印下的特質。

有幾個源起於希臘化時代的行星角

＊13 有時會將原始神克洛諾斯（Cronos）與時間之神柯羅諾斯（Chronos）混淆或類比。即使在古希臘，因二者發音和作用相似，有時也會故意混淆這兩個神。例如，克洛諾斯在奧菲斯教中是時間的化身，也是希臘宗教思想中的原始力量之一，經常以原始神克洛諾斯寓言的重新詮釋出現（斐瑞居德斯〈西元前6世紀〉，其他還有西塞羅《論諸神的本質》〈西元前1世紀〉）。

＊14 與諸神力量的相關性有因果關係嗎（星星會直接影響人類）、還是只是象徵性的（星星顯示諸神想讓人類發生的事情）——在古代思想家的心中存在二種模式。然而，古代占星術經常是在破解天象所蘊含的訊息，並解釋其意義。

226

色，已經被現代的占星術間接繼承。雖然希臘諸神失去了地上的神殿，但如今他們在占星術師手邊繪製的天宮圖上都擁有了自己的宮位（神殿）[*15]。

●古代占星術刻意記述得難以理解！

在希臘化時代以後撰寫的大量希臘語占星術資料，都可以在**《希臘占星術大全》**（*Catalogus Codicum Astrologorum Graecorum, CCAG*）[*16]一書中讀得到。然而，古代占星術師的手冊卻都非常複雜怪異，甚至難以想像有人真正使用過，他們**完全無意讓初次閱讀的讀者理解**。這是因為，當時占星師的權威和市場價值取決於一件事：「只有我能繪製出最高精度的天宮圖，就連其他與我競爭的占星術師也無法計算。我能掌握所有行星的位置，並且能將所有影響納入解釋當中」。

「那個天宮圖，不是只有在赤道上的夏至才畫得出來嗎？如果是我的話，可以把緯度也計算在內再畫出天宮圖喔！」

能夠說出這種話的人，才是最有能力的占星術師。

[*15] 在古希臘的天宮圖中，將「宮位」稱作「神殿」（Temenos）。

[*16] 這是在全歐洲的圖書館中所發現最重要的史料大全，由希臘語的占星術文本編輯、記述和摘錄而成。

227　第7章　天體魔法

舉例來說，古代最頂尖的**天文學家和占星術師托勒密**，就能利用複雜的三角學計算，按照觀測者的正確位置與時間，特定出實際的天空及其對應的正下方底點，並精確到度、分和秒。然而，對於大多數的占星術師來說，這樣的精密度卻超出了他們的技術。

占星術的天下！

隨著占星術的發展，未來變得可以觀察且容易預測。

在古代原本就有很多種類型的占卜，諸如內臟占卜、水盆占卜、火焰占卜及骰子占卜等等。*17 但是占星術的突出之處，在於它極為系統化且合乎常理，運氣的隨機因素少之又少。

*17 順帶解釋一下，內臟占卜是最正統的占卜，作法是剖開牛的腹部，根據肝臟的顏色和位置來占卜吉兆。

228

羅馬時代的簡易12星座占卜

古代占星術體系非常複雜，但是許多人可能對古代占星術如何占卜自己而感到好奇，所以在這裡簡單介紹，以下是曼尼里烏斯所撰寫的最簡易12星座性格占卜。請大家一定要看看自己出生的星座，體驗一下古代占卜的毫不留情！

根據曼尼里烏斯《天文學》的12星座性格占卜（西元1世紀）

星座	性格	合適的工作
牡羊座	膽小，缺乏決斷力。容易在意他人眼光。	紡織業
金牛座	勤勉。追求名譽，沉默寡言。沉悶又頑固。	農業
雙子座	永遠年輕。追求用歌聲就能度過的快樂人生和廣泛的知識。	唱歌、學問
巨蟹座	意志堅定，熱愛孤獨。喜歡理財可以致富。	商人、貿易
獅子座	熱愛戰鬥。容易興奮也容易失去興趣。光明正大，不擅長說謊。	戰士
處女座	適合教育。賺不到錢。擁有文才，但是年輕時很怕生。	老師、小說家
天秤座	擅長統計和數字。具有強烈的正義感。	律師
天蠍座	滿腦子想的都是殺戮。會煽動和激勵他人。和平時會埋首於研究各種戰術、戰略。	角鬥士、煽動者
射手座	會帶給人力量。善於飼養動物。	牧羊、車夫、大象訓練師
摩羯座	缺乏計畫和決斷力。晚年安穩。為了實現愛情不惜犯罪。	採礦、麵包師、煉金術師
水瓶座	擁有敦厚且高貴的靈魂。經濟狀況佳，具有穩定的經濟實力，但是無法變成有錢人。	天文學家、與水有關的職業
雙魚座	輕率且任性。貪圖性方面的享樂。	造船、航海、與海有關的職業

在現代的星座占卜中，例如牡羊座往往被描述成「領導能力優異」，所以曼尼里烏斯提出的星座占卜與現代有很大不同。諸如「羊＝膽小」、「牛＝頑固」、「蠍子＝殺手」等等，都簡單反映出這種動物的形象。另外還有幾個星座感覺簡直就是在誹謗，十分有趣。難道他對雙魚座有仇嗎？

例如骰子占卜的時候，六個面是固定元素，加入「搖晃」這個隨機元素後會出現結果。取決於剎那之間的偶然，結果是有限的。

但是，占星術卻不一樣。有數量龐大的天文學徵兆，隨機元素就只有在想要占卜的瞬間，例如生日。

這些天體的元素，也都是依循人眼可觀察到的路徑。對於古代人來說，命運就是像這樣變得可視化。

話說回來，現在輪到魔法師一顯身手了。「**人類只能觀測和預測宇宙嗎？**」

仰望星空的三個人

西元前4世紀，三個人用不同的眼睛仰望著希臘化時代的同一片天空。**天文學家**正在觀測——宇宙依照著規律，而系統化且合理的諸神計畫正在運行。

占星術師開始解讀起手邊的行星圖——

「既然人類是宇宙計畫的一部分，那麼人類的命運也可以從星星中解讀出來。未來已經變成可以預測的世界。所以你的故事結局，早已寫在你出生時的天宮圖中。」

然而，**魔法師**卻是這麼認為——

「如果我們只能預見未來而無法避免不希望的結局，那麼知道未來還有什麼意義呢？」

可以觀測和預測的事物，**理應也可以操控。**

雄心勃勃且學識淵博的魔法師，也十分勇敢無畏，他們不僅知道諸神所制定的天體軌道（命運），他們還**開始運用天文學和占星術的知識加以改寫命運。**

而作家斐洛斯脫拉德嚴厲批評了當時魔法師的思路，如下所述。

「魔法師是這個世界上最壞的惡徒。

他們使用特殊的法術、咒語和工具，甚至如此誇口——『連無法逃脫的命運軌道，我也要顛覆給你們看』。」

——作家斐洛斯脫拉德（西元3世紀）VA 5.12

但是，如何連天體的軌道都能操控呢？這裡出現的就是在史料1也有提及的**大熊座**。

〔操控星星〕天體魔法

魔法師和天文學家及占星家仰望著同一個天球，但是他們關注的卻是完全不同的部分。他們關注的是「**天極**」。

過去，古代天文學家和占星術師主要觀察的都是「**黃道**」。

就像太陽從東方升起，在西方落下一樣，其他天體看起來也是從東方向西方移動。雖然整個天球都被星星覆蓋著，但是太陽、月亮和五個行星卻只會通過橫越天球的狹窄路徑，即「黃道」。所以在天文學和占星術中，**這個黃道十分重要**。

魔法師找到了天文學和占星術的漏洞，他們是這麼想的：是誰讓這個上面有所有天體的黃道帶旋轉的呢？——是天極和位在那裡的星星，是不會沉沒也不會上升，始終位於天極附近的七連星，即「**大熊座**」(Ursa Major)。

如果能運用這個大熊座，是不是就能隨心所欲地控制在黃道上游蕩的諸神（眾多行星）呢？正如同按下轉動車輪的中心軸，就能讓車輪停止，也能改變馬車行進的方向一樣。

這種觀點，在西元5世紀的魔法書中被充分表現出來。

天極

黃道

233　第7章　天體魔法

「有一個位於星座中心的星座稱作熊座。

熊座（大熊座）由七顆星組成，頭頂上還有另一個與它一致的熊（小熊座）。

熊的功能就像車輪的車軸一樣……不會沉沒也不會上升，停留在一個地方，以一個定點為中心旋轉，並且讓黃道帶的圓圈轉動……。

發生在人們身上的所有事情，推動這一切的力量都是從這個領域而來。

例如，王國的覆滅、城市的叛亂、饑荒、瘟疫、洪水、地震……，

還有，會個別降臨到人類身上的事情，也是源自這個領域的諸神作為。」[*18]

——斯托拜烏斯（Stobaeus）《赫密士文集》（西元5世紀）

基於這樣的想法，在古希臘的天體魔法中，支配天空的大熊星座咒語比其他任何天體出現的更多。

請參照史料1（第216頁）。

[*18] 「這個領域（的諸神）」即原文所稱的「旬星」，參照後述註20。

[*19] 這種自宇宙至高神的觀念，反映了從東方傳入的密特拉教信仰的思想。密特拉教信仰的起源和組成元素仍存在爭議，但是它具有宇宙觀。目前現存的669例密特拉教圖像共同的元素如下所述：密特拉將一頭公牛按倒在地殺死，狗和蛇飲用公牛的血、蠍子刺穿公牛的陰囊、兩名火炬手。在最近的解釋中提到，這是在描繪位於金牛座和天蠍座之間黃道（或天球赤道）沿線的宇宙星座。然而，其合理性和意義一直受到很大的爭議（New Pauly 15.V. Mithra）。

「我呼喚妳，天上最偉大的力量，受主神之命，用強壯的手臂轉動神聖天極者……**熊啊**。最偉大的女神啊……主神命妳用強而有力的手轉動神聖天極！」

但是，熊本身只不過是宇宙最高統治者用來移動天球的工具而已。

這個宇宙的最高統治者就是終極的天文力量[19]。除了肉眼可見轉動北極周圍的星星和行星，還有肉眼不可見的埃及天文學中稱為「旬星」的力量[20]，都在支配著天體中其他所有較小的力量。

因此，只要能與宇宙至高神（以及他的工具熊）交談的人就能做任何事。用咒語召喚神，吸引喜歡的人、解除詛咒；讓屍體復活，甚至可以騎鱷魚穿越尼羅河。

而且，還可以請求**讓自己的天宮圖往有利的方向修正**。就像這樣——

*20 這裡出現的「旬星」是在埃及天文學中，用來計算曆法在實用目的上使用的36個小星座（領域）。埃及人將天球劃分成36個部分，每個部分10度，並分配成36個旬星。然而，有時旬星會被認為是比星座本身更加獨立的力量，因此可以要求旬星提供幫助，也能命令旬星從而統治人類。

一般認為，出現在魔法莎草紙和碑文上的一些神祕象徵符號，是這種旬星諸神的象徵。比如經常出現的獅頭蛇（Chnoubis）就是「獅子座

『宇宙的最高統治者，等待我的將會是怎樣的命運呢？』
如果你這樣詢問的話，你會得知一切。關於你的星星，你擁有怎樣的守護神靈，[*21]
關於天宮圖，
甚至會告訴你將在哪裡生活並在哪裡死去。
即使你聽到哪些不好的事情，也不要哭喊或尖叫，
要向他請求讓你改寫或是避免這種命運。」

——PGM -XIII 705-

非常地無所不能……如果能做到這一點不就不需要其他任何的魔法了嗎？
但是！並非任何魔法師都能做到這一點。**除非你是能夠破解「密碼」的聰明人。**

*21 代蒙（daimon），即是現在被稱之為「惡魔」（demon）的力量。
他在古希臘時代還不是邪惡的東西，地位類似以下位的諸神或聖靈。當然，他有善良的時候也有邪惡的時候。

第一旬星」或「巨蟹座第三旬星」（Hephaestion Apotelesmatica, 11.15）。

向上天提出密碼！

要接觸宇宙的統治者，並非只是念誦熟記的咒語，或是進行規定的儀式……

請你要向上天展示你的天文學和占星術的知識！（史料 6）

在那個時間、那一天、那一週對應的諸神有哪些？適合用來供奉這些諸神的香是哪一種？向上天供奉那種焚香後，**「密碼」**就會成為正確答案，天球之門將會開啟（史料 7）。

就像這樣，「我同時具備了適合接觸宇宙最高力量的知識！」──如果魔法師沒有表現出這一點，神就會拒絕魔法師的召喚。因為一個將密碼計算錯誤的傻瓜，是沒有資格施展天體魔法的。

而且，這裡的天體魔法非常國際化。

史料6 用於天體魔法的「天空密碼」

PGM XIII 705 -

決定在某個時刻，哪一個神是天球統治者的技法，
如下所述。

用希臘式算法找出這一天要遵從哪一個神……

總而言之，就是這個意思。

> 「請在下面的空白欄位輸入正確的密碼。」
> 「現在是☐月☐日☐時☐分，
> 因此是☐神在統治這個時間的天球。」

請將適合空格內的答案用焚香的方式燒給上天!!

仰望天空並利用星星來計算出實用的曆法，是埃及天文學的主要趨勢；用這個方法來預測未來，則是屬於巴比倫尼亞天文學的領域（資料2，第220頁）。

認為天球中心有宇宙至高神的這種觀念，屬於密特拉教；另一方面，在儀式中與諸神相對應的焚香陣容則屬於猶太教。

而這些元素，全部都在古希臘的中心引力下結構化和系統化了。綜上所述，相信大家一定就能夠了解，天體魔法需要有多麼廣泛的知識了。

史料7 用於密碼與行星相對應的焚香（其中一例）
*22

行星	香
土星（克洛諾斯）	蘇合香／安息香（Styrax）*23
木星（宙斯）	印度月桂（Malabathrum）*24
火星（阿瑞斯）	高山薯、雪蓮、雲木香（Costus）*25
太陽（海利歐斯）	乳香
金星（阿芙蘿黛蒂）	甘松（印度甘松、Nardostachys jatamansi）*26
水星（赫爾墨斯）	肉桂（Cassia）*27

舉行這項儀式時，41天的淨化期會在牡羊座新月時結束……
接下來，就是使用七顆星的七朵花（墨角蘭、百合、蓮花、Erefirinon、水仙*28、紫羅蘭*29、玫瑰）。*30
在儀式前21天摘下這些花，用白色研缽搗碎，陰乾後為當天做準備。將花粉與蠶豆混合，製成香塊（香）。但是，無論是怎樣的吉兆新月，**都要將身體獻給在鏈匙上記有名字、那一天的時間諸神。**

---

*22 以下的陣容非常猶太風格，並且與《出埃及記》30:22-38的聖膏油清單有相當多重畳。但是整個儀式「就像那個樣子」，如同古希臘對埃及祭司魔法的詮釋並融合了猶太元素。

*23 如今會用Styrax來意指安息香（benzoin），但是在古代指的是從土耳其海岸採集的一種野茉莉科樹脂。甜香味類似安息香。

*24 Malabathrum是原產於印度和中國的樟科樹木柴桂（Cinnamomum tamala的葉子）。

*25 Costus是印度北部、喜馬拉雅山脈和阿薩得喀什米爾地區，高度超過1公尺的菊科多年生植物。在日本稱作「木香」（Saussurea lappa）。根部具有類似蜂蜜的香味，乾燥後的根在羅馬和印度之間是重要的貿易商品，現在是瀕危物種。

*26 印度北部的高山植物，具有乾燥且甜美的木質香氣。在地中海地區屬於高級品。

*27 肉桂原產於中國，用作香辛料。又名桂皮。

*28 「一種葉片很厚的植物」，來歷不明，可能是百里香、Thymus caespitius或Thymus capitatus。

*29 Erysimum cheiri syn. Cheiranthus cheiri.

*30 沒有相關記述顯示這七朵花的陣容，是由哪朵花對應哪個行星，但是可以混為一體使用。其他在魔法莎草紙中關於諸神與植物的連結，包括阿波羅和月桂樹魔法（II 64-184）、阿提密斯和魁蒿（IV 2891-2942）等等。

希臘化時代的夜空，正是人間的多元文化學問發生衝突、融合和新行星系統形成的地方。

在這當中，魔法師唯有明白迄今所見的所有複雜天文學和占星術的知識，並且有超乎常人的理解，才能施展天體魔法。

因此，**天體魔法——最博學的魔法師用他們最科學的思維，所創造出來的至高之術（藝術）**，出現在歷史上了。

不喜歡「絕對」

然而，為什麼古希臘人過去從來沒有關注過「大熊座／小熊座」呢？

原因在於現實的政治形態。自西元前8世紀以來，古希臘社會從未擁有過一位絕對的國王。每個城邦都是各自施行民主政治、貴族政治或寡頭政治，並沒有中央集權來統一的構想。也就是說，「中央固定的位置＝絕對＝國王＝偉大！」

240

這種觀念並不存在,而且也不認為這是好的觀念,所以並沒有將之帶入天體世界中。[*31]

比起天極,他們一直更關注在黃道帶以平等輪班制度旋轉的那些東西,例如羊、牛和蠍子等——民主主義的那一群。

繼承了希臘天文學的中世紀伊斯蘭天文學書籍中,也指出了這個問題:「古希臘人啊,為什麼你們要把熊和蛇這類的動物放在天極如此重要的地方呢?為什麼不放天使呢?」(圖西〔Muhammad ibn Mahmud Tusi〕《創造物的驚異和萬物的珍奇》〔12世紀〕意譯)

然而,在希臘化時代和羅馬帝國時期,社會在一位國王/皇帝的統治下得到了統一,建立起具有階層制度井然有序的政治形態。這種人間的變革,促使天上星星的地位也開始改變。

*31 不過,有些哲學家將一名最高領導人位居頂點的政治體制視為理想,例如柏拉圖等人。

241　第 7 章　天體魔法

星星的形態數千年來幾乎沒有什麼變化。然而，當仰望星星的目光改變時，天球的樣貌也會跟著改變。就這樣，新的科學技術、新的價值觀和新的想法，讓世界、魔法和形態都出現了變化。

「魔法融合了醫學和宗教，另外也加入了占星術（天文學）。沒有人不想知道自己的命運。也有一些人不相信觀測天空就可以得到真相。就像這樣，用三重羈絆將人的弱點結合在一起的魔法，時至今日已經達到如此高的高度，足以支配大部分的人類。」

——老普林尼《博物志》30.1.1-21

然而，魔法師的目標更為高遠。他們除了將計算後的結果投射到天上的世界之外，還想要在手邊操作。他們想要進行「實驗」。

「如果能操控諸神的力量以改變未來，應該也有辦法自己成為神吧？」

魔法師的思維轉向了對物質和靈魂的操控。沒錯，他們轉向了**煉金術**。

番外篇 應用魔法「諸神召喚術」

在本章的最後，**將為大家介紹召喚古希臘諸神的法術**。先前已經為大家介紹了幾種諸神召喚術（例如在第2章〈咒語〉的「召喚赫爾墨斯」），但是在這裡，要列出一個在表面世界和魔法世界都格外知名的二神召喚術。

為了召喚並直接使喚在整個希臘世界擁有巨大神殿的神，需要搭配過去所學到的魔法，包含咒語、咒術、防禦術、天文學的知識以及儀式技術，這所有的一切！

如果你參閱史料，就會知道召喚諸神是多麼複雜，而且會對施術者造成生命危險。

243 第 7 章 天體魔法

操控月亮的咒語

(PGM IV 2622 -)

「我要把月亮拉到你的頭上！」

自古希臘初期以來，這句一直是魔法中的必備咒語。

月亮透過古老的魔法擁有危險且敵對的力量，

扮演過與性、死亡和冥界有關的角色。

即使在希臘化時代之後，月亮依舊是魔法中最重要的伙伴。

這是召喚月亮（女神）並故意激怒她，指使她的憤怒針對你想要詛咒的目標的咒術。

完整的咒語有100行左右，即使快速吟唱，也要足足花費5分鐘。

下弦月女神（黑卡蒂）召喚術

呼喚月亮女神

神聖的光之女神啊，

塔爾塔羅斯的統治者與發射光線者，

攪動黑暗的漩渦，隨心所欲毀滅萬物者啊！

我要呼喚妳，聆聽聖言，

因為偉大的命運始終跟隨妳。

被三重束縛的女神啊，掙脫吧！

過來這裡，向他【目標的姓名】發洩憤怒！

命運為妳編織了一條線。

受到祝福的女神啊，過來吧……

現在，我在這個偉大的夜晚發誓，

在妳的光線最後會熄滅的夜晚，狗的嘴巴不會張開，也不會閉上。

塔爾塔羅斯（地獄）的鐵柵欄被打開，

克爾柏洛斯怒氣沖發，以雷霆武裝。

梅內，加油！太陽的看護者啊，死者的守護者啊，我向妳請求！

狡猾、高貴、敏捷、善於出劍、鮮紅、黑暗的女神啊，

……（省略）**用各種名字稱呼女神**

> 現在念出真正的姓名威脅女神。

**仔細聽,
欸喔・佛魯巴・芙里墨・
薩庫米・內布烏托・蘇瓦勒斯!
我隱藏了妳的魔法祕密。
藏起妳的涼鞋,手握妳的鑰匙!**

> 當女神不聽施術者的話會發生什麼事?

命運會連妳的不朽之線都拋棄(失去作為神的永恆不巧),
只要留意我的魔法飛箭,馬上就會到達妳那裡。
我不可能從言語的命運逃脫。
妳只要隨心所欲為我所求,借我力量即可。
我會用克洛諾斯的鎖鏈綁住妳的天極,用強大的力量碰撞妳的拇指。
除非我的願望實現,否則明天不會到來!

> 當然女神非常憤怒,要將她的怒火發洩在目標上。

那麼,妳來了嗎?妳在這裡嗎?女神啊,憤怒吧,對他【目標】生氣吧!

【注意】
由於月亮是反覆無常充滿攻擊性的女神,
在某些情況下施術者會失敗而遭受攻擊,被女神從天空扔下。
因此,請製作下述的護身符保護自己!

【護身符的作法】
取一塊會呼吸的磁鐵,做成心形,在磁鐵上面
刻上像小小的新月一樣,躺臥在心臟周圍的黑卡蒂。
然後,刻上全為母音共20個字母的咒語,佩戴在身上。

AETΩ HIE ΩA EΩE EOA ΩI EΩI

阿波羅召喚術

(PGM I 262-347)

召喚預言之神阿波羅,
讓他回答所有你想知道的事情。

事前準備

清潔: 避免不潔之物、魚類、性交。

月桂樹: 右手拿著一枝有7片葉子的**月桂樹**枝條*32,
(對應第34頁魔法師的持有物)
在7片葉子上分別寫上以下7個字母。

絕對不要放手!
這是保護身體免受神傷害的護身符。
掉落就會死。

作法

油燈: 準備一盞非紅色的油燈。
倒入一層玫瑰油或甘松油。
將下述內容寫在麻布上,放入油燈作為燈芯。

```
ABEPAMENΘΩOYΛEPΘEXANAXEΘPENΛYOΩΘ
NEMAPAIBAI
AEMINNAEBAPΩΘEPPEΘΩBABEANIMEA
```
(應該寫成迴文卻寫錯字了)

外觀: 身穿先知風格的衣服,左手拿著黑檀木權杖,
右手拿著護身符(即月桂樹的小樹枝)。

祭壇: 準備一顆狼頭,在上面放置油燈,並在附近用素燒的黏土建造祭壇。

*32 7是阿波羅的神聖數字。　　　　一般的油燈。

薰香：狼眼、蘇合香的樹脂、肉桂、香脂、香膏，以及任何珍貴的香辛料都可在祭壇上熏香。

獻酒：用葡萄酒、蜂蜜、牛奶和雨水混合製成的祭酒。

獻果：製作並供奉7個扁平的蛋糕和7個圓形的蛋糕。全部結束後，念誦下述咒語。

咒語

我的主人，阿波羅啊，請你和佩恩一起來，
我的主人，回答我的問題！
離開帕納塞斯山和培冬之地，
因為我的嘴唇會念出祕密的咒語……
我將呼喚你的真名，那數字正是與命運相等的名字，

（省略約30行）

```
AXAIΦΩΘΩΩΑIHAHIA
AIHAIHIAΩΘΩΘΩΦIAXA
```
（原本想設計成迴文卻失誤了）

聽到想聽的之後，阿波羅就會送你回家。

- 將左手拿著的黑檀木樹枝移到右手，將右手拿著的月桂樹移到左手。
- 把油燈的火熄滅。
- 焚燒相同的薰香，同時念誦下述咒語。

注意！月桂樹掉落會相當危險！

「更仁慈些吧，第一的神，古老而自己生成的神啊。
我向虛空中的第一個閃耀的火焰祈禱。我向你支配萬物的力量祈禱。我向毀滅冥界的那位神祈禱。你出發並返回自己的船吧！不要傷害我，永遠善待我。」

與月亮的召喚術不同，並不會一直激怒阿波羅。因為想要冷靜下來，理性地向預言之神詢問未來的事。

天文學/占星術 *astrologia* 年表
（古希臘中心）

時代		年號	活躍的人	解釋
古希臘以前		西元前20世紀	在巴比倫尼亞天文觀測	西元前1646年，已有關於金星出現的數據等等（尚不清楚何時傳入希臘，尤其是關於黃道帶的星座可能是從巴比倫尼亞直接傳入）。
希臘－羅馬時代	古風時期	西元前8世紀	詩人荷馬、詩人海希奧德	西方世界關於星座最古老的記述。
		西元前5世紀	哲學家亞里斯多德的弟子泰奧弗拉斯托斯	巴比倫尼亞首次提及製作天宮圖的事情。
	希臘化時代	西元前4世紀	天文學家卡里普斯、天文學家歐多克索斯	將希臘天文學的星星傳說系統化。
		西元前3世紀	詩人阿拉托斯《Phainomena》	將歐多克索斯的理論詩意化。讓關於行星、星座及其旋轉的想法普及；占星術計算的基礎，後來有許多思想家效仿。
		西元前2世紀	天文學家依巴谷	天宮圖的明顯普及，也有埃及傳統的影響。
	羅馬時期	西元前1世紀～	占星術流行	
		西元1世紀	占星術師多蘿修斯、**占星術師曼尼里烏斯《Astronomica》**	占星術技術最古老的文本之一！二者均留存到現在。
		西元2世紀	**天文學家托勒密**《占星四書》、《天文學大成》、《地理學》	古代天文學的最終答案，其宇宙觀自此成為標準，直到哥白尼（西元16世紀）的時代為止。占星術的原理被系統化。總結天文學的傳統。偏向數學，深受伊斯蘭世界喜愛。
		西元2世紀	占星術師維提烏斯·瓦倫斯（Vettius Valens）《Anthologiae》	介紹許多托勒密理論學派迴避的實際例子和解釋。

時代		年號	活躍的人	解釋
希臘－羅馬時代	羅馬時期	西元 3世紀	占星術師塞克斯圖斯（Sextus Empiricus，懷疑論）、哲學家普羅提諾（新柏拉圖主義）、神學家俄利根（基督教徒）	對占星術的理論提出有系統的反駁。
		西元 4世紀	占星術師家費爾米庫斯（Julius Firmicus Maternus）、以弗所的哲學家馬克西穆斯（Maximus）	有系統的論文。
		西元 5世紀	底比斯的占星術師赫費斯提翁《占星學》	托勒密、多蘿修斯等人的占星術摘錄。
		西元 8世紀	西元5世紀時也曾透過波斯語	
中世紀		西元 10世紀	蘇非《星座書》	伊斯蘭世界最古老的希臘星座畫。
		西元 11世紀	在君士坦丁堡開始將占星術從阿拉伯語重新翻譯成希臘語。	希臘語、波斯語、拉丁語、卡斯蒂利亞語（西班牙語）等等。
		西元 12世紀 以後	在伊比利亞半島開始翻譯成拉丁語。	
		西元 16世紀	文藝復興時期	哥白尼引用古希臘天體論（針對畢達哥拉斯學派菲洛勞斯的地動說）。

249　第 7 章　天體魔法

巴里納斯傳 7　大魔法師大戰飛龍

尼扎米的《Iskandarnameh》第32篇，349節（西元12世紀）

當魔法師巴里納斯朝著火之神殿走去時，一隻漆黑的女巫龍抬起了頭。

女巫龍察覺對手又是魔法師後，便用看不見的魔法發動攻擊──各種攻擊魔法、誘惑男人的法術、咒語！

然而，就像玻璃瓶撞上鑽石屏障後碎裂一樣，全都在巴里納斯面前被反彈了。*33

就這樣，偉大的女巫龍倒在了魔法師的面前。

「誰能幫我拿芸香汁來？」*34

*33　原文中有這個比喻，多麼美妙呀！巧妙地表現出透明魔法的攻防戰。

*34　芸香是一種用於分娩和解除詛咒時的植物。

魔法師將芸香汁澆在龍身上,龍隨即變回女人的姿態。

就像這樣,巴里納斯只使出一擊便破除了她的魔法,阻止了她的行為。

然而——

守護火之神殿的女巫龍(16世紀的寫本)
她是祆教的女巫阿札爾・胡馬因（Azar-Humayiin），據說她化身為龍來保護祆教的神殿免於破壞。

第 8 章 實用煉金術
(AI)chemy

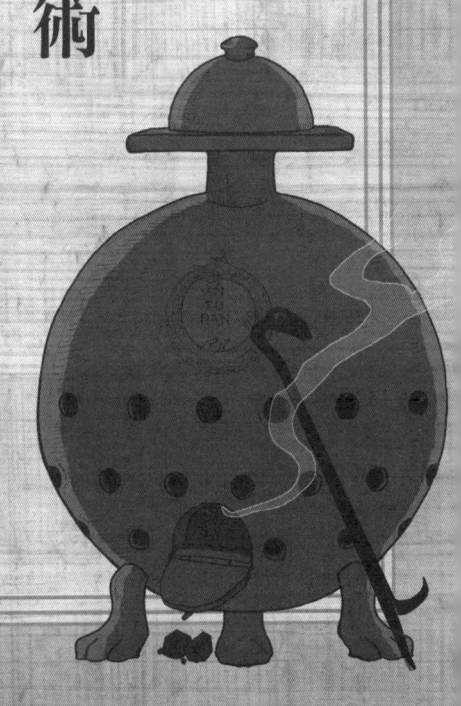

盯著掌中鉛的三個人

西元1世紀。在亞歷山卓的街角，有三個人盯著一小塊鉛。

金屬工匠正苦惱著：「這塊鉛可以變成真正的黃金嗎？」

哲學家回答：「原則上可以。『變換』在我們身邊隨處可見……木頭變成火，冰變成水，種子變成植物。冶煉也能將一塊岩石變成金屬。整個宇宙都有一貫的變換程序，只不過……」哲學家將醜話說在前頭，「放棄吧！將卑金屬變成黃金的技術，是在操控自然的根本，唯有神才被允許這樣做。」

然而，**煉金術師**卻拿著哲學書籍，一邊點燃煉金爐一邊說道：

「只要知識和技術齊備，一定能夠解開『**變換**』**的祕密**。」

操控整個宇宙，能讓一切隨心所欲「變換」的祕密——煉金術師在尋求的，就是在後世被稱作**「賢者之石」**的祕密。

現在，就來說說古代最後的祕密。

古代煉金術用品術語集

在古代煉金術的文本中,出現了在現代動漫和小說世界裡也很常耳聞的單詞。首先就來為大家介紹它們在古代的意思。

銜尾蛇／一即全 咬尾蛇／hen to pan

一條咬著自己尾巴的蛇,是古代煉金術師的象徵,並且經常出現在古代魔法莎草紙中(參照7, col. 17; PGM 1, 145f.; 12, 203f.; 12, 274f.; 36, 184)。

這代表了宇宙中所有力量和程序的統一。這是煉金術公理「一即全」(整體透過這個而存在,整體為它而存在,如果某物不包含整體,那麼整體就什麼都不是)的圖像化。*1

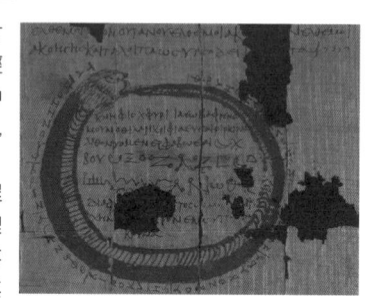

荷姆克魯斯 anthrōparion

「荷姆克魯斯」在拉丁語中意指小人。

古希臘語稱之為 anthrōparion(小人)。在 16 世紀以後的脈絡中,意指在實驗室試管中創造的人造人或人工生命。在古希臘,他是偉大煉金術師佐西姆斯(Zosimus)在夢中遇到的一個神祕又乾瘪之人。

---

*1 本文、New Pauly [s.v. Ouroboros]。

*2 「賢者之石」這個名字是後世命名的,因為第一部《哈利波特》小說而聞名。依照在英國的舊語源,正確書名為《哈利波特與賢者之石(philosopher's stone)》,但是美國版本變成了《哈利波特與魔法石(sorcerer's stone)》。針對美國翻譯成「魔法石」一事,正宗英國則表示:「居然連『賢者之石』這個用語都不知道,他們真是愚蠢!」在最新的翻譯中似乎已經得到了修正。日本的「賢者之石」也和哲學家的意思略有不同,所以說不定會受到批評。

*3 我稱之為「月亮泡沫」。接續前文(佐西姆斯《論卓越與解釋》; Zosimus, On the Philosophers' Stone = CAAG II.199.1-6)。

*4 Principia [2018].

（賢者之）石 *2 *ho lithos ton philosophon*

「收下。它毫無價值，卻價值連城，種類繁多，沒有形體。無人知曉，卻人盡皆知，有許多名字，也是無名的石頭。」*3

——偉大的煉金術師佐西姆斯（西元3世紀左右）

不言而喻，這正是煉金術師追求的東西。在現代，它是可以長生不老的用品，或是將卑金屬變成黃金的用品，但在古代它是「誘導物質變換的神祕催化劑」。當時它被稱為「非石頭的石頭」、「月亮泡沫」、「金珊瑚」或「iós」（紫色著色、毒藥）。

靈丹妙藥（Elixir） *xēríon*

在現代多數用來意指「具有神奇功效的萬靈藥」。原本源自古希臘語 *xēríon*（乾燥的物質、粉末），指的是撒在傷口上的藥粉。後來，在古代煉金術中也採用它來意指經由昇華過程乾燥的殘留物。

日後，加上阿拉伯語的冠詞 al，於是 al-ksīr 就變成了「靈丹妙藥」（Elixir）。*4 在現代 (Eri)xir 具有強烈的飲料液體感，但是在古希臘它只會被稱為**「The 藥粉」**，像是撒上去的魔法藥粉的感覺。

史料 1 約西元 1 至 3 世紀，
最早「將鉛變成銀」的希臘煉金術祕方
（引用自 10 至 11 世紀的寫本）

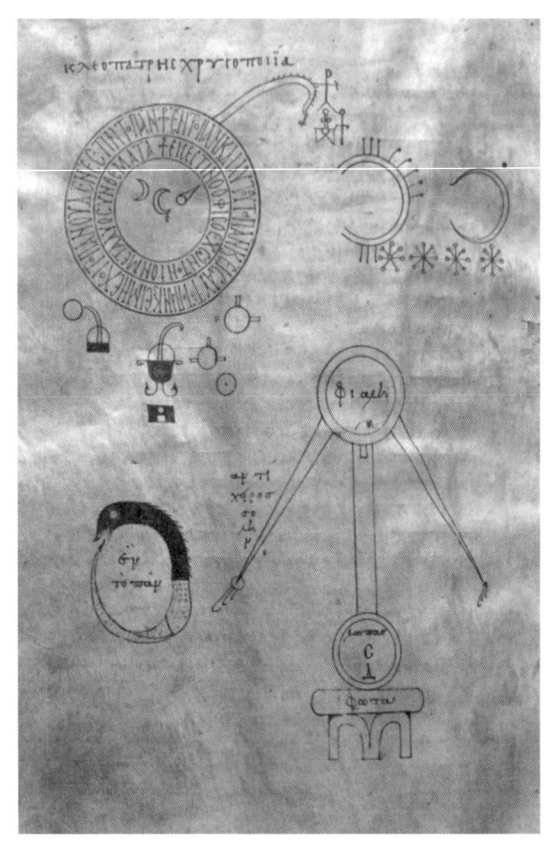

理論 從圖片解讀作法

煉金術之謎

Marcianus graecus 299 寫本／
收藏於聖馬可圖書館（威尼斯）。

258

所謂的**煉金術**「(Al)chemy」，是一門「物質變換」的綜合技術。[*5] 從點鉛成金，到將自己的靈魂變成「神」，目標都是變換和操控整個宇宙。

請大家馬上來看看史料1，這是古希臘煉金術師所留下「將鉛變成銀」的完整祕方。

完全看不懂。沒錯，在我們手邊的，只是一個沒有任何說明文字，難以理解的圖形。

煉金術是古代最高機密的智慧。有時候在祕密會議中只會以口頭或無聲的動作手勢傳授，另外，有時也會只透過像密碼一樣的書籍，由師父傳授給弟子。[*6] 即使「入侵者」能夠接觸會議或書籍，但是煉金術的祕密至少會有部分受到安全的保護。

從現在開始，就來透過史料盡可能地解讀這些煉成陣，一面深入理解古代的煉金術吧！

*5 意思是指煉金術的「chēmeia」及其變化形，最早出現在6世紀非煉金術的文本和其他文獻中。關於煉金術的詞彙請參照第256頁。

*6 《回憶錄》7 2.8-14。

259 第 *8* 章 實用煉金術

實用煉金術：解讀

史料2　西元1至3世紀左右，最早期的希臘煉金術的祕方（解讀）

④
從蛇尾到意義不明的煉金術符號。八芒星符號與其上方的新月形狀，普遍被視為以繪畫形式描繪出鉛變成銀的樣子。

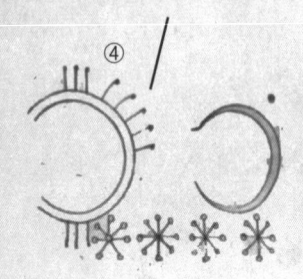

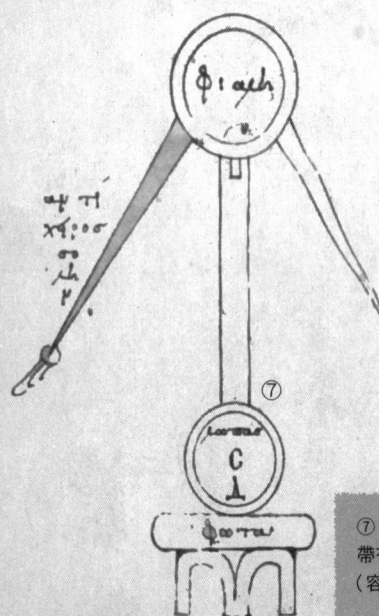

⑦
帶有2個冷凝管的蒸餾器（容後再述）。

「煉成陣」中有一句格言

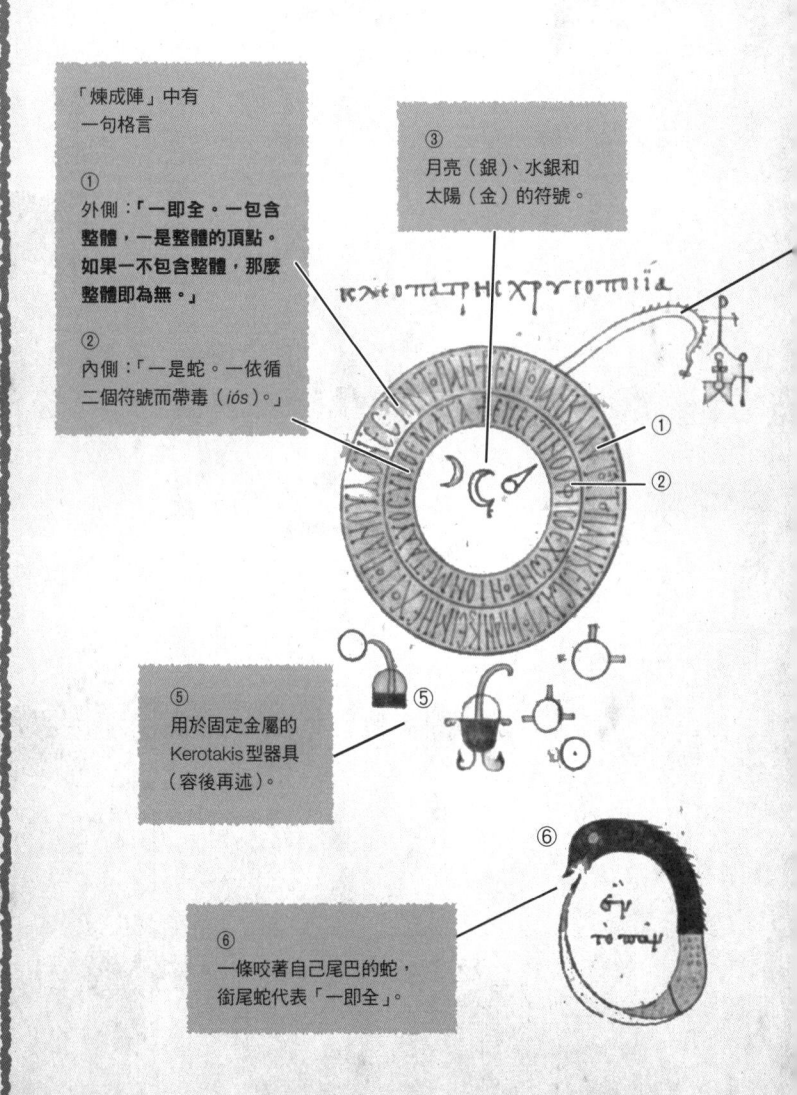

①
外側：「一即全。一包含整體，一是整體的頂點。如果一不包含整體，那麼整體即為無。」

②
內側：「一是蛇。一依循二個符號而帶毒（iós）。」

③
月亮（銀）、水銀和太陽（金）的符號。

⑤
用於固定金屬的 Kerotakis 型器具（容後再述）。

⑥
一條咬著自己尾巴的蛇，銜尾蛇代表「一即全」。

Illustrations to pseudo-Cleopatra's Chrysopoeia (Aurifaction, or Gold-making), Codex Marcianus

261　第 *8* 章　實用煉金術

解讀① 實驗器材

「Kerotakis」

現在，仔細查看史料2，就會發現當中提到了一個實驗用的「器材」，就是在**「實用煉金術」**中使用的煉金爐和蒸餾器。

古代的煉金術，大致可分為**「實用煉金術」**與**「神祕煉金術」**，實用煉金術是將物質B加入物質A，或是經由蒸餾將B從A中分離，從而改變物質特性的技術。

「煉金爐」

Kerotakis 復原圖

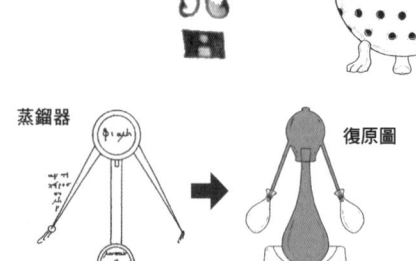

蒸餾器

復原圖

Kerotakis是一種煉金爐，設計精巧，用來使物質與蒸發後的元素接觸。
「蒸餾器」具有兩個冷凝管，蒸餾硫磺後可獲得稱為 *elaion* 和 *lafaninon* 的液體，用於金屬的著色和加工。*7

*7 這個器材對於煉術師的價值尚不清楚。即使蒸餾硫磺，或是蒸餾硫磺和礦物質的混合物，除了溶解的硫磺，不會得到其他液體。曾有人提出一種說法，這些油實際上是溶解後的硫磺，而這種液體會在幾分鐘或幾秒鐘內凝固，形成一塊單斜晶或塑性硫磺。或許當時「硫磺」一詞被用於更廣泛的涵義（Taylor [1930]）。

262

舉例來說，將銀染成金色，或是透過染色加上高貴的紫色後，外觀相同但銀的重量會變成2倍。查看復原圖，應該就能明白古代煉金術師使用了複雜且講究的手段和器具。

重複縝密的計算與實驗，看起來就像是化學領域的先驅。而且正如當今科學家仍在追求的一樣，他們也熱衷於探索一切事物。

一窺煉金術師頭巾的底下

說到這裡，現在大家應該都可以想像煉金術師是一個怎樣的人物吧？

全身沾滿煙灰，正在加熱危險實驗器材的煉金術師，他們的頭巾底下是──不管大家想像的是肌肉發達的工匠，或是頭髮爆炸的瘋狂科學家，想必都會直覺反應是一名**男性**。

Bain-marie（雙層蒸鍋）
一種不用直火而是使用溫水平穩加熱的手法，如今仍用於料理及實驗中。

然而，西元1世紀的古代煉金術，具有過去提及的任何魔法皆不具備的特徵——頭巾底下其實是**女性**，許多古代煉金術師都是女性。

雖然也有像德謨克利特（第292頁）這樣的男性，但是創作出史料1中，沒有說明文字的金屬煉成陣圖畫（第258頁）的人，是名為克麗奧佩脫拉的女性。她以女煉金術師的名義留下了記錄（與埃及知名的克麗奧佩脫拉並非同一人，這是個筆名）。

據推測許多這類複雜的實驗器材，都是女性煉金術師發明的。舉例來說，現在還有一種叫「Bain-marie」（雙層蒸鍋）的實驗器材，這是取名自猶太人的瑪麗亞，她是克麗奧佩脫拉煉金術師的前輩。[*8]

[*8] 「baineum Mariae」這個名稱，似乎最早出現在維拉諾瓦的阿納爾多（14世紀）的著作中。然而，現在瑪麗亞卻被認為是傳說中的人物（Taylor [1930]）。

[*9] Berthelot [1963]《論賢者之石》。

[*10] 然而，在當時知識領域裡的男性卻羞於動手勞動的工作。因為只靠頭腦和言語爭勝負的工作，一直被視為是最「知性的活動」（諸如哲學、政治、音樂等）。因此，雖為男性卻使用了女性筆名，這當然也是有可能的事情。這裡從古代女性歷史的觀點來看，也存在很多的討論（Pomeroy [1978]）。

264

精巧的「Kerotakis」器材、熱灰浴、糞床和水浴（Bain-marie），全都是這位瑪麗亞的發明或發現。

她務實的性格，使她在所有煉金術師中也是最突出的一位。

「如果不照著步驟一步步執行，就不會發生任何期待中的事情」——這句是瑪麗亞留下來的口頭禪。

伊西斯、猶太人的瑪麗亞、克麗奧佩脫拉……就是這群女性（至少是女性筆名）創造出最早的實用煉金術，發明了技術設備。這是任何古代魔法，不對，甚至是任何古希臘的知識領域都不可能做到的事。

女性在早期的煉金術中如此活躍的原因，可能是因為當時染色和料理等領域都是屬於女性的工作。此外，在煉金術大放異彩後，1世紀的希臘和埃及，女性的地位比前一個時代有所提升，想必這點也並非毫無關係。[*10]

這才是古代實用煉金術的真面目。[*11]

*11 進一步詳細說明，實用煉金術分成「德謨克利特」和「瑪麗亞」學派。前者透過金屬表面的著色和融合來製造合金，進而著手煉金術的工作。德謨克利特學派代表包含伊西斯、楊布里科斯（Iamblichus）、摩西（Moses）、奧斯坦尼斯及尤吉尼厄斯（Eugenius）等人。另一方面，瑪麗亞學派則會使用複雜器材進行蒸餾和昇華，代表人物有赫爾墨斯和克麗奧佩脫拉等人。只有留下零碎作品的阿卡托達蒙（Agathodaemon）可能也屬這個學派。西方的煉金術以及間接的現代化學，都在某方面受益於這個學派（Taylor [1930]）。

解讀② 信條「一即全」

請留意史料2圖畫上所寫的編號①的文字。在這裡出現了兩次一模一樣令人難以理解的字詞。

「一即全」。

「一即全。一包含整體，一是整體的頂點。如果一不包含整體，那麼整體即為無」。

這代表了古代煉金術的三大公理之一。

抽象地表現了當時在煉金術背後的理論思維，並且在煉金術的書籍中頻繁重複。

● 煉金術的三大公理

1 「一即全。」

——哲學家基米斯（Clemens）、柏拉圖（CAAG 84.12等）

2 「自然會吸引自然，自然會戰勝自然，自然會支配自然。」

——煉金術師德謨克利特[*12]

3 「麥生麥，人生人，金生金[*13]。」

——農夫阿卡蘭托斯（Akharantos）／哲學家亞里斯多德

想要了解這些意義，必須返回煉金術出現的那個瞬間。

早期的煉金術，只知道是在煙霧迷漫布滿煙灰的工作坊，從師父傳授給弟子的「商業機密」技術，和基於經驗的工作坊染色技術——當時工匠手中的東西就是世界的全部。

然而，為了將鉛變成黃金，單靠胡亂瞎猜反覆實驗並無法成功。

當時有一個煉金術師表示——「我們需要一套**理論**」。

*12 參照履歷「偽德謨克利特」（第292頁）。

*13 亞里斯多德的《形上學》等。

267　第8章　實用煉金術

一即全
——哲學家基米斯、柏拉圖

煉金術的三大公理

並非經驗或技術，而是必須了解物質的本質及其根源為何。物質是由什麼形成的？這種物質在宇宙中占有何種地位？整個宇宙通用什麼樣的秩序呢？

需要的不是經驗，而是有系統的理論！

為此，煉金術叫出了過去在煙霧瀰漫的工作坊裡毫無關聯的存在，那就是「**希臘哲學**」。自數百年前，哲學一直是針對萬物根源以理論思考的學問。

「世界的根源是什麼？是火？是水？還是數字？」——在橄欖樹的樹蔭底下，在美麗的迴廊中，哲學不斷在進行漫長的議論。*14

*14 代表性的例子有……泰勒斯說：「萬物的根源是水！」（西元前6世紀）；阿那克西美尼說：「不，是空氣。」（西元前6世紀）；畢達哥拉斯說：「應該是數字的比。」（西元前6世紀）；恩培多克勒說：「不是有土、火、空氣、水這四種嗎？」（西元前5世紀）；德謨克利特說：「是……原子。」（西元前5世紀）；柏拉圖說：「這種沒有質量的形狀，不就是正多面體嗎？」（西元前4世紀）

268

> 麥生麥，
> 人生人，
> 金生金。
> ——農夫阿卡蘭托斯

> 自然會吸引自然，
> 自然會戰勝自然，
> 自然會支配自然。
> ——煉金術師德謨克利特

然而哲學家卻嫌惡工匠，因為他們一直認為動手製作東西、用實驗靠雙手思考是粗鄙的行為。[*15]

後來煉金術師將這些高貴希臘哲學家的智慧，集結起來投入了熔爐中。

個人技能
（埃及和其他古老的記憶）
「你能將鉛變成黃金嗎？」
＋
希臘哲學
「世界的根源是什麼？」
＝（當時的）煉金術！

*15 例如，亞里斯多德寫道：「人影即使在火中也不會死亡。」但是這種事情只要實際扔進火裡試試看就知道了。

出現在煉金術文本中的蛇，被描繪成銜尾蛇（咬著尾巴的蛇）。這是「循環性」的象徵，有時也被視為代表煉金術的程序。

銜尾蛇就像物質性的物質總和一樣，不斷地消耗自身，並從自身生成自身，持續地毀滅自己和再生，卻始終保持不變。*16 用一句話來形容就是「一即全」。

從這裡得到的結論，即為希臘自然哲學在傳統上所秉持的理論——「**一即全**」。

這種想法意指，整個宇宙其實是一個合理有序的物體（生物）。

將哲學變成煉金爐！

如果重新閱讀三大公理，就會發現三大公理都表明一個意思：

「整個宇宙是單一個體，其運作是透過自然與自然之間的相互關係在進行。而且這些相互關係是可能透過相似的事物彼此相互影響。」

*16 參照114 CAAG 21. 20-23.7。

270

然而，每個哲學家都只是不斷尋求並且想要了解而已，他們只想要查明宇宙的主要物質。

但是煉金師卻不一樣，她們一直在尋求的，其實是**「操縱」**而不是探究自然[*17]。

這種想法在日後於瑪麗亞和佐西姆斯這二個煉金術師的對話中，留下了鮮明的描述。

> 可以用卑金屬製造出黃金嗎？用金屬以外的物質製造出金屬，或是從非植物的東西製造出植物，從不同類的東西製造出動物——[*18]
> ——瑪麗亞

> 可以。唯獨擁得科學且實用智慧的哲學家做得到。
> ——佐西姆斯

*17 Viano的指摘。

*18 引用自阿爾・圖格拉伊（al-Tughra'i）的《慈悲的鑰匙和智慧的祕密》。這個瑪麗亞似乎和第一個瑪麗亞是不同人。

271　第8章　實用煉金術

> 工匠只是按照吩咐的去做——「使之蒸發！使之溶解！使之蒸餾！……
> 就這樣做到最後，一直做下去。」
> 但是，了解科學和實踐的人，都知道為什麼要讓某些東西蒸發，以及如何蒸發。
> 也就是蒸發的目的。必須了解在工作每個階段中智慧的目的。
>
> ——佐西姆斯
> 《慈悲的鑰匙和智慧的祕密》

就像這樣，唯有將工匠的實踐與哲學家的知識結合的人才是煉金術師。

解讀③ 太陽和月亮的符號

天體是哲學的熔爐！

接下來，要將焦點放在史料2中央的③。有一些符號意味著月亮和星

272

星……為什麼金屬變換會有天體的暗號呢？在這裡也會叫出**天文學、占星術和天體魔法**的知識。

如果「一即全」是萬物連結成一體的話，在整個宇宙中，相似的部分就會對彼此產生共鳴。天體會對地球上對應的物質造成影響，不只是人的命運，就連手掌上的鉛也是。

依據這種「相似性」（共鳴）的理論，也形塑出了天體和金屬之間的關係。

如果不是適合對應金屬變換的星象日期，就無法進行正確的煉金術。過去許多煉金術師一直都是這麼認為的。

這樣看來，煉金術是一門涉及占星術、神話、宗教、物理學、科學和技術的綜合魔法。

真正的煉金術本質，確實是對自然進行方法學、系統性的操控。

克麗奧佩脫拉的煉成陣
③月亮（水銀）的符號。
④月亮（銀）的填充符號。
⑤太陽（金）的象徵。

史料3 煉金術與天體的對應關係
（希臘煉金術文獻，西元9至11世紀 M-Marcianus graecus 299寫本）

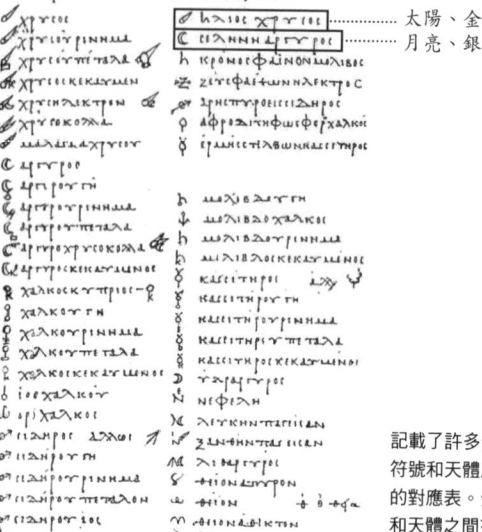

……太陽、金
……月亮、銀

記載了許多金屬符號和天體之間的對應表。金屬和天體之間有著密切的關係。

⬇

史料4 占星術的行星＝與煉金術金屬的代表性對應關係

土星	木星	火星	太陽	金星	水星	月亮
♄	♃	♂	☉	♀	☿	☽
鉛	錫	鐵	金	銅	水銀	銀

這些煉金術符號是化學符號的前身，
也是對後來化學領域的貢獻之一。

274

解讀④ 雙重煉成陣

現在來說說祕方最後的祕密。史料2的克麗奧佩脫拉煉成陣，是一個有著大小同心圓的雙重圓圈。這也是將銜尾蛇風格化的「設計圖」，仔細觀察就會在右上角看到尾巴！在內側的圓圈裡這樣寫著…

「一即蛇。一即依循二個煉成而帶毒（*iōs*）。」

「**毒**」（*iōs*）是什麼？煉金術師是否像過去的許多咒術師一樣，試圖製造出毒藥呢？──必須意識到煉金術師正在這裡玩**文字遊戲**。

首先，*iōs* 在古希臘語中有很多種意思，包含「**毒藥**」、「**紫色**」、「**金屬的鏽**」和「**肉體的特質**」[*19]。因為正在談論蛇的話題，所以通常會將其解釋為「蛇毒」，但是在煉成陣中，包含雙重的銜尾蛇和「二個煉成」等，都是在強調「具有雙重性

*19 序論、254。

275　第8章　實用煉金術

質的單一本質」。

就連畫在煉成陣下方的蛇，仔細觀察的話就會發現並不是只有一條蛇，而是由二條蛇組合起來的樣子（從頭部到腹部，以及從腹部到尾巴是不同的顏色）。

這種雙重性、生與死以及東方所謂陰陽的觀念，對於理解古代煉金術的本質至關重要。[20]

話說回來，如果將「iôs」視為毒藥、**「鏽」和「紫色」**呢？

克麗奧佩脫拉給了暗示，只有那些了解「iôs」並非單一意思的人才能理解。

在這裡要引用3世紀偉大的煉金術師佐西姆斯所說的話，針對「iôs」為大家詳細解說。他是古代最後一位也是最厲害的煉金術師。

他說過，為了使金屬變換，必須經過「四種顏色的階段」。首先將容器內的物質浸泡在藥品中，蒸餾之後就會變黑、變白、變黃，慢慢地持續發生變化。最

*20 佐西姆斯在以「論神／亞硫酸水」（Peritou theiou hydatos）為題的文章中，作為古代德謨克利特公式的引子，提到了神之水具有「二種性質」，但是其只擁有「一種本質」（dyo physeis, mia ousia）。

276

後就會發生「iôs」的變化。

具體來說有以下4個階段：

①第一階段：黑化（melanosis）
②銀的階段：白化（leukosis）
③金的階段：黃化（xanthosis）
④第四階段：iôs／紫化？鏽化？（iosis）

這說明了到達最後階段的「iôs」，是可以變換萬物的催化劑。它是具有誘發昇華、蒸發、淨化及凝結等所有這些變性質的「某種東西」。

換句話說，**這就是煉金術師在所追求的東西。**

它是將鉛變成黃金，**具有誘發所有質變性質的催化劑**，是宇宙的變換關鍵。

這個催化劑「iôs」，從當時起就被稱作各種名稱。諸如「月亮泡沫」、「金珊瑚」。然而，至今最為人所知的應該還是「賢者之石」[*21]。今日大家應該都曾在《哈利波特：神秘的魔法石》等電影中聽說過它，它以某種賦予永恆生命的奇蹟魔法物品出現。

在這個現實世界裡，古代的煉金術師一直在嘗試製造出它的原始物件。

但是，他們真的找到了這種宇宙變換的關鍵了嗎？——最後一位煉金術師佐西姆斯找到了它。至少，他自己是這麼說的。

「多美麗啊，
——將四種卑金屬完美變換成黃金的樣子。
有鉛和銅，還有銀和錫。
取鹽，潤溼蜂窩狀鮮豔的硫磺。
這是為了統合各自的力量。加入硫酸，即可生成醋。

*21 推測佐西姆斯的煉金術集《Cheirokmeta》中，早在西元300年左右就提到了「石頭」。

278

這是第一個生成物。

如果就這樣一步步進行下去，必然，

可以勝過外觀是白色的銅。

在第五次步驟之後就會明瞭。

在三個昇華物之後，**它就會變成被稱作黃金的東西**。

看吧，征服物質，

從多樣化的物質完美接收單一的物質。

「收到不是石頭的石頭。

毫無價值，卻價值連城，種類繁多，沒有形體的東西。

無人知曉，卻人盡皆知，有許多名字，也是無名的石頭。」[*22]

究竟在佐西姆斯眼前的是什麼呢？真的有可能把卑金屬變成黃金嗎？「賢者之石」到底是什麼呢？我們根據史料所能確實接近的地方到此為止。

*22 我稱之為「月亮泡沫」。接續前文《《論卓越與解釋》》。

實驗「將卑金屬變成黃金」

讓大家久等了。為了配合實用煉金術的章節，終於到了做**「實驗」**的時候了。在這裡要讓大家看看，實際上實用煉金術的力量，是否能在現場真的「發揮作用」。換句話說，真的能夠按照古代煉金術師的祕方，將卑金屬變成黃金嗎？

不如就來嘗試看看吧！

這次使用的是萊頓莎草紙的「硫磺水」（神之水）祕方。這份莎草紙是在1828年左右，從埃及中部底比斯近郊的一處墓地中取回的。[*23]

這裡記載了將銀變成黃金的方法。

希臘煉金術相關起源

- **萊頓莎草紙（西元3世紀）**
  目前已知提及煉金術和冶金術最古老的文獻。除了煉金術相關祕方之外，還內含冶金、染色、魔法、諾斯底神祕主義、植物和礦物的祕方，其中65個祕方與冶金相關。它集結了煉金術的祕方和步驟，還引用了幾位早期權威人士的文獻，諸如德謨克利特和拉里薩的阿納克西拉奧斯等人。

- **斯德哥爾摩莎草紙（西元3世紀）**
  在這份莎草紙中收錄了152個祕方，9個與金屬有關，73個與寶石有關，70個與染色有關。可能與萊頓莎草紙屬於同一個年代。它著重於石頭及其他物質的著色，特別是製作紫色的染料，而不是將重點放在金屬加工。絕大多數的祕方都屬於技術層面，所以幾乎沒有談論到祕方的來源或權威性。

- **寫本**
  有希臘語的寫本，以及幾乎無人研究的敘利亞語和阿拉伯語的資料。

280

萊頓莎草紙第87號祕方「硫磺水」(神之水)

將1德拉克馬的石灰和等量的硫磺搗碎，倒入裝有濃醋或年輕人尿液的容器中混合在一起。

從這個液體下方加熱，使其燃燒至血液狀。

用過濾器除去沉澱物，使用純淨的液體。

雖然無法重現克麗奧佩脫拉祕方中所描繪的器具，但是這個祕方非常簡單，材料也十分單純，在現代仍然可以重現。

科學史學家普林西比（Principe）對這個祕方提出了以下的現代翻譯。[25]

現代的作法

將氫氧化鈣（5克）、硫磺（5克）和新鮮尿液（100毫升）混合（※可用100毫升蒸餾後的白醋取代，但是尿液較為合適）。

實驗照片。

*23 可能是盜墓者所為。

*24 古希臘的重量單位。理論上是5克左右。取決於每個城市1德拉克馬銀幣的重量，所以會因城市而異（4.31至6.24克）。（OCD [2012] s.v. weights; New Pauly [1990-] s.v. Drachme.）

*25 M. Principe [2018]。

在通風良好的地方靜靜地煮沸約 1 小時，趁著溶液還熱的時候過濾。產生的液體呈橙色至紅色，並具有難聞的氣味。

尿液比較適合的原因，當然是因為「相似性」（共鳴）的理論——與黃金的顏色一樣。[*26] 如果將一片銀浸泡在產生的液體中，就會發生有趣的反應。請參閱我實際的實驗結果（第200頁的照片）。

當一片拋光的銀浸泡在液體中的時候，金屬片很快就會變成黃褐色，然後變成金色。長時間持續浸泡的話，就會變成銅色、青銅色、紫色，最後是褐色，所以需要謹慎地調整時間。

這種顏色的變化，是因為在金屬表面形成了一層非常薄的硫化物薄膜所引起的。潛藏在硫磺水中的硫化鈣發生作用，使銀的表面變成金色——沒錯，所以**古代的煉金術師一直都知道如何將卑金屬變成黃金**。

實際的顏色請參閱第200頁。

*26 如果有人正在吃東西的話，先說聲抱歉。不過尿液並不像現代如此令人厭惡，在古代還會被用於洗滌等用途。

282

從實驗中明白的事情

當然，本質上並不會變成黃金。只是在銀的表面加上了金色的膜。

在現代，鉛和金的原子序數為82和79，屬於不同的元素。可悲的是，大家都知道它們無法變換，煉金術師所做的都是徒勞無功。但是對古代人來說卻非如此。當時他們認為**金屬有純度差異**，且金屬是依據經驗，由顏色、光澤、重量、柔軟度……這些綜合性質加以定義的。他們想到了一種介於金和銀之間的物質，比方說「光澤接近金的銀」、「重量更接近金的銀」、「甚至是……」。

這種感覺可能和現代珠寶的表達方式十分類似。24K金＞22K金＞18K金＞10K金……這些全都被當成「真金」出售。

283　第 8 章　實用煉金術

在現代人眼中,也許煉金術師看起來是製造假黃金的騙子。但是,事實並非如此。的確,在早期的工匠心中,應該都擁有一顆把鉛變成黃金後致富的野心。然而,靠這種方法把銀假裝是黃金拿到市場上出售時,即使在古代也會在幾秒鐘內露出馬腳。因為只需將表面稍微刮掉就能識破了(關於試金石,在祕方中也有所提及)。

所以她們才一直試圖反覆實驗來接近真理。

如果可以利用煉金術讓銀的表面染成金色的話,應該也能在本質上找到將銀變成黃金的方法。如果可以變換手掌上金屬的性質,理應能夠掌握改變整個宇宙的祕密。

相信煉金術並非詐術,而是對真理的探求應該會比較妥當。[*27]

[*27] Edmonds (2019).

專欄 試試看用煉金術製作寶石！

不僅是黃金，古代的莎草紙中有各式各樣的煉成祕方。對於在第4章的寶石魔法中感到沮喪，認為「即使愈貴的寶石威力愈強，我也買不起……」的人來說，這是一個好消息。只要利用煉金術，你也可以人工製造出高品質的寶石！
（以下引用自西元3世紀，斯德哥爾摩莎草紙內煉金術的部分。）

製作假祖母綠

①用黃玉製作
- 將所謂的黃玉放入明礬溶液中放置3天。
- 取出後，和濃醋及純銅綠一起放入銅的容器中。
- 蓋上蓋子，再加入橄欖木，以小火煮6小時。
- 冷卻後取出石頭。接下來，石頭就會變成祖母綠的顏色。因為石頭上會形成綠色的薄膜（注意：要慢慢地冷卻！否則一下子就會破裂）。
- 與此同時，提前幾天將油倒入小黃楊木的容器中，將油淨化備用。
- 將石頭放入這個容器裡再蓋上蓋子靜置7天。取得的寶石就會類似天然的祖母綠。

②用水晶製作
- 取一塊與水晶重量相同的透明蠟，融化後倒入容器中備用（蠟最多只能變換2德拉克馬的量）。
- 取出水晶，放入明礬中一天一夜備用。
- 然後，將水晶從蠟中取出，放入銅綠裡，但是1盎司的銅綠要研磨成粉末備用，並用6杯大小的小容器煮6小時。
  隨後，放入銅綠中一天一夜備用。於隔天取出。

用水晶生成紅寶石

- 取出煙水晶，接著打造成一般的石頭形狀。
- 將其放在陰暗處慢慢地加熱，直到內部能看到紅色的熱度為止。
- 使用金礦廢料再次加熱。
- 將石頭浸泡在混合了天然硫磺的松木油中，靜置在染料中直到早上以便吸收。

在斯德哥爾摩莎草紙中，有一種煉金術可以從這種不值錢的石頭創造出更有價值的石頭。

巴里納斯傳 8　大魔法師被女巫打敗

尼扎米的《Iskandarnameh》第32篇，391節（西元12世紀）

從龍變回來的魔女，跪在巴里納斯的腳邊。

然後抬頭看著他說——「請你幫幫我。」

當他看到那張如月亮般美麗的臉龐時，

巴里納斯受到了前所未有的衝擊。這是戀愛的衝擊。

他保護著她，他們一起去找亞歷山大大帝說：

「國王，漆黑的龍的真面目是『月亮』。如您所見，她是人類女性，如果說到她高水準的魔法能力……」

巴里納斯熱烈歌頌女巫的優點。

「她的魔法不但可以從大地的深淵汲取水源，還可以讓月亮從天空墜落，甚至從不祥的土星洗去吉兆的黑色。她還能用她的長髮登上天界的高樓……
（省略）

「關於她高水準的魔法能力先說到這裡，接著談論下一個話題。有關她的美麗我該如何形容呢……她黑色的捲髮就像是由純麝香圈製成的一樣！她的臉龐有如陽光般閃耀……！（省略）」

大王對陷入愛情的魔法師說道：

「嗯。我已經明白了。她配得上你，也配得上與你一同飲酒。」

「但是你要小心她的魔法。千萬不要小看她的技巧和技能囉！」

巴里納斯跪謝國王，並將女巫帶回了自己家中。

他從女巫那裡學到了所有的新魔法。

287　第 *8* 章　實用煉金術

因此,過去一直被人用「賢者」、「哲學家」等各種頭銜來稱呼的巴里納斯,自此開始被人這樣稱呼了:

——「**魔法師巴里納斯**」。

據說,二人會一起使用魔法,二人之間從來不會隱瞞祕密。[*28]

*28 這是後來巴里納斯在阿拉伯被人接受的緣由,因此從古希臘人的角度很可能會有不同的解釋。在希臘方面的文獻中,他已經下定決心不會和女性交往。
女巫的名字叫作阿札爾‧胡馬因,是一名擁有薩姆血統的魔法師。

煉金術 年表

古代的煉金術師都是用希臘語書寫，因此又被稱為古希臘的煉金術師。不過他們的出身五八花門。

古希臘的煉金術文本是40多位作者的作品，他們活動的期間涵蓋了相當廣泛的範圍。許多都是筆名——為了顯示權威，或是為了隱瞞出身而自稱古代的人物姓名。例如，西元前5世紀的「哲學家德謨克利特」。

西元前3世紀以前	已存在埃及、美索不達米亞的冶金技術和希臘哲學。
西元前2世紀	門德斯的博盧斯（Bolus of Mendes，偽德謨克利特？）。
西元前1世紀至西元1世紀	煉金術始於埃及亞歷山卓。
西元1世紀	伊西斯（女性）、猶太人瑪麗亞（女性）以及克麗奧佩脫拉（女性）。 瑪麗亞是最古老的煉金術師之一。 改良技術設備，**在古代的煉金術師當中是最為傑出的人物**。 煉金術之父偽德謨克利特的真實年代《物質的事物與自然的事物》（部分仍留存至今）。
西元1世紀以後	在羅馬燒毀煉金術和魔法的書籍。
約西元300年	佐西姆斯、提奧塞比亞（Theosebeia，女性） 繼承了瑪麗亞和克麗奧佩脫拉的精神。
約西元3世紀	**現存最古老的莎草紙史料實物。** **萊頓莎草紙（西元3世紀）** **斯德哥爾摩莎草紙（西元3世紀）**
約西元8世紀	古希臘煉金術的終結。以後的解說者都沒有實驗經驗。 伊斯蘭世界的煉金術接受並取而代之，成為西方煉金術。
約西元10世紀	**最古老的寫本　威尼斯的MS寫本。** *29
西元13世紀	第一巴黎寫本M. (Paris, gr. 2325)。 *30
西元15世紀	第二巴黎寫本M. (*A-Parisinus graecus* 2327)。 *31

*29 **最古老的寫本　威尼斯的MS寫本**（*M-Marcianus graecus* 299），可能是10或11世紀的作品。
*30 第一巴黎寫本M. (Paris, gr. 2325)，13世紀的作品。
*31 第二巴黎寫本M. (*A-Parisinus graecus* 2327)，15世紀的作品，是第一部巴黎寫本MS.的完美複製本。
在這三本MS.當中，幾乎包了所有現存的煉金術著作，它們創作於基督教時代初期的8、9世紀，讓人可以洞察煉金術實踐的宇宙學和哲學的基礎。

煉金術師的履歷 ①

姓名 瑪麗亞
發明家兼暴露型女煉金術師

時代、地區
西元1世紀，亞歷山卓？

簡介
她務實的個性和行動力，是所有煉金術師中最出眾的！
建造了各種必需的實驗設備。
用來蒸餾和昇華的複雜設備、「Kerotakis」的熔爐、熱灰浴、糞床、雙層蒸鍋（Bain-marie）……這些發明和發現全都要歸功於她。而且這些詳細的構造，甚至如何從金屬板製作必要的銅管，她都毫不吝嗇地記錄下來。
至今仍以「Bain-marie」（＝瑪麗亞）的名字在一般的實驗器材上青史名留。

「這個設備是我發明的爐式火爐！
頂部有三個孔（吸盤），加以固定（大型碎片）。
從這裡排出（溶解後的成分）！
所以（省略）……」
（瑪麗亞熱情地講解自己發明的實驗器材。）
＊32

「除非逐一執行每個步驟，否則任何實驗都不會成功！」
＊34

「你們這些人，難道連已經寫下來的東西都看不懂嗎？用這種東西做得出『神之水』嗎？神之水指的是『硫磺的蒸氣』或是『含有硫磺的砒霜』！」
（對著抱怨瑪麗亞實驗的煉金術師說。）
＊33

特色雷達圖
- 現代的知名度
- 對現代實驗科學的貢獻程度
- 力量大小
- 暴露習慣
- 執行力、創造力

歷史上

也許並非實際存在的人物,很有可能是透過一連串的思想和實踐而誕生的煉金術擬人化的化身。

她有時被等同視之為《舊約聖經》中的摩西姐姐米利暗,但是她的思想似乎是出現在西元1世紀左右亞歷山卓猶太社區的背景下。

她的創作後來在佐西姆斯作品的引用下保留下來。

來自周遭的評價

「喋喋不休洩漏了太多祕密!」[*35]

她不停地揭露透過實驗只有少數人才知道的金屬祕密知識,所以似乎遭人嘲弄了。

推測是瑪麗亞發明的器材。

「雖然會因染料而異,但是要花2、3日,甚至幾晚焚燒蘆葦逐漸加熱後,在爐中完全煮透。然後一整日切割瀝青,接著再加入白銅或黃銅(省略)。」

---

*32 本人針對「瑪麗亞熔爐」的說明(Berthelot, M. [1963] III.L.)。
*33 Berthelot, M. [1963] III.xv.
*34 「沒有發生任何預期中的事情。」(Berthelot, M. [1963] III.Xxix.《論賢者之石》)
*35 「這是瑪麗亞針對她所謂的鎂麵包,大方地公開……」瑪麗亞說:「這就是你嘲弄我的原因。因為我在同一篇論文裡揭露了一個非常大的祕密。」等等的文章(Berthelot, M. [1963] III.xv.)。

煉金術師的履歷 ❷

姓名
偽德謨克利特（≒門德斯的博盧斯）
理應是大家知道的「原子論」哲學家……

時代、地區
本人生活在西元前5世紀，但是從西元前3世紀起就有很多偽書。

簡介
這個男人的名字一直被人假冒，卻不知為何成為了「煉金術之父」。 眾所周知，他是一位說過「萬物的根源是原子」的哲學家。從現代角度來看，雖然是最接近核心的理論，但是當時在哲學家之間幾乎沒有得到支持。然而，他在魔法界卻截然不同，反而是偶像般的存在。雖然有很多冠上其名的魔法書，但是他大概會心想：**「我沒寫過呀!? 事情怎麼會變成這樣!?」**

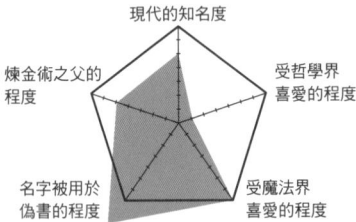

> 「大自然啊，大自然的創造者啊！經由這些樣貌變化征服大自然，最偉大的大自然啊！讓大自然歡喜，超越大自然的大自然啊！」 *36
> （※被人強迫發言。）

特色雷達圖
- 現代的知名度
- 受哲學界喜愛的程度
- 受魔法界喜愛的程度
- 名字被用於偽書的程度
- 煉金術之父的程度

主要成就、著作（偽書）

● **關於煉金術的著作全部都是偽書。** 希臘化時代的人習慣使用更早期具有權威的思想家之名作為筆名，尤其德謨克利特提倡的理論接近煉金術的思想，所以十分適合。
這部冠上他名字的作品真正作者是誰？目前已經提出了各種可能：
大部分是西元前2世紀的哲學家暨煉金術師**門德斯的博盧斯**所撰寫。
德謨克利特本人可能會說：「我沒寫過呀!? 事情怎麼會變成這樣!?（省略）」
● **《關於自然與神祕之物的四書》（西元前1世紀以後）**
以寫本保留下來的煉金術書籍中最古老的一本書，現在仍留有部分內容。容我重申這是一本偽書，並不是德謨克利特寫的。

> 軼事

已故大師的「祕密」

在德謨克利特學會煉金術所需的「重要技術」之前，他的師父魔法師奧斯坦尼斯就去世了。德謨克利特不知道正確的流程而接連失敗。

因此，他施展亡靈術，試圖召喚死去的師父（第6章〈亡靈魔法〉）。

然而，經由儀式現身的老師影子，並沒有為他的提問提供任何明確答案。

「弟子啊，跨越死後世界和人世間的隔閡來傳授知識是不被允許的事情。」

「不過——」老師最後這樣說道，「**書籍都在神殿裡。**」

> 「弟子啊，書籍都在神殿裡。」[37]

當德謨克利特正在思考老師神祕話語的含義時，神殿的柱子在沒有預告下突然裂開，露出了一個隱藏洞穴。那裡寫著關於祕密技術的簡短答案——

這段神祕的詞句在《自然之物與隱藏之物》中多次出現。但即便試圖找出什麼含義，卻還是沒有具體告知任何事情。

而且這裡要重申一次，德謨克利特本人也沒有說過這句話。

> 「大自然以大自然為樂，大自然戰勝大自然，大自然統治大自然。」

> **來自周遭的評價**
>
> 「大家都想否認魔法書是德謨克利特寫的。但是，毫無疑問的是，正是德謨克利特在人們心中植入了魔法這種甜蜜的誘惑。」
>
> （老普林尼，HN 30 10）

* 36 出現在許多史料中，諸如德謨克利特的《自然與祕密的提問》以及《論銀的製造》（Martelli, *The Four Books of Pseudo-Democritus*, 82-85）。
* 37 Berthelot, CAAG, 1.2.1.

煉金術師的履歷 ❸

姓名
伊西斯（在煉金術的歷史上）
埃及的女神兼煉金術引進者

時代、地區
西元1世紀至3世紀？

簡介
在神話中伊西斯是埃及女神,但古代煉金術書籍《伊西斯致荷魯斯的信》中卻被視為煉金術的引進者。
一位在天堂一直注視著伊西斯的天使愛上了她,並強迫她性交。伊西斯對這名天使說:**「與其做那種事,不如教我如何煉成金和銀。」**然後拒絕了天使。
天使說:**「我自己做不到,所以我會帶一個更強大的天使過來。」**接著便離開了。
翌日中午,**天使的上級,強大的天使阿姆奈爾**[*39]來了,但是他同樣愛上了伊西斯,並且執拗地強迫她性交。然而,伊西斯也說了一樣的話:**「比那種事更重要的是煉成金和銀!」**說完便推開天使。後來終於學到了煉成金和銀的祕密。

伊西斯（拿坡里國立考古博物館,西元2世紀)由作者拍攝

「我不想和你發生性行為。比起這個,我更想要你教我煉成金和銀。」[*38]
（面對墮落天使的求愛。）

主要成就
在神話的背景下導入煉金術。

[*38] Mertens, M., [2006]《伊西斯致荷魯斯的信》。
[*39] 天使阿姆奈爾的名字,除了這個文本在其他地方都沒有出現。唯一已知的例子,是在19世紀埃塞俄比亞的咒術祈禱集中,不過已經是相當晚期的作品了（Silveira, F. L. D., [2020]）。

「我自己做不到,所以我會帶一個更強大的天使過來。」（天使）

294

第9章 神祕煉金術

Mystikē

ἐγώ εἰμι ὁ ἰών
ὁ ἱερεὺς τῶν ἀδύτων

「幻覺」

在古代煉金術的文本中，內含一系列被稱為**「幻覺」（夢）**的奇妙故事。據說記述了偉大煉金術師佐西姆斯在夢中體驗過的事情，全都是超現實且迷幻的文章。

接下來要談論的**「神祕煉金術」**，似乎將焦點放在了金屬以外的變換——例如**人類的心神**——這就是神祕的煉金術。

此祕方最具代表性的就是這個「幻覺」。沒錯，佐西姆斯並沒有將祕方隱藏在圖形或煉金術符號中，而是以夢境為藉口，用說故事的形式暗喻著神祕煉金術的內容。

現在就來解讀「幻覺」，體驗他的夢境，藉此接近神祕煉金術吧！他的夢境，從一座形狀怪異的祭壇前方開始——

296

第一個夢：Phiale的祭壇[*1]（引用自佐西姆斯的「幻覺1」[*2]）

我睡著了……

眼前可以看到一座高大的祭壇。這個祭壇呈現「Phiale」（盛裝供品的碗／實驗器材的頂部）的形狀。

在我面前站著一個人。

他就像是為那座祭壇獻上活祭的人一樣。

可以看到祭壇上的15層階梯。

從最頂端像碗一樣的祭壇中，傳來了一個聲音。

那聲音說道：「我走下通往黑暗的15層階梯，完成了攀登輝煌階梯的工作。

改造我的人，正是獻祭的人（hierourgos）。

我肉體的粗糙遭到捨棄。

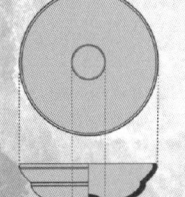

---

*1　Phiale是中央凹陷的獻酒碗，古希臘用以獻酒的碗，但是這個名詞同時意指alembic（蒸餾器）的頂部。
*2　這個標題是後世的用法，在這裡為了易於理解而使用方便的標題「幻覺」。原本在不同的寫本上有不同的標題。包含《論佐西姆斯神的卓越性》、《論水的組成》、《第一講義》等等（Berthelot [1963]; Silveira [2020] Cp.4）。

必然,我會被聖別為祭司,現在已經作為靈體臻至完美了。」

我(佐西姆斯)問道——

「你是誰?」他用微弱的聲音回答我:

「我是**伊翁**(ĩōn),
(我是伊奧尼亞人／我是 f ō n e s／我是他)
聖地內殿的一名祭司……*³

我正遭受難以忍受的暴力。

隨著日出時分,有人來控制了我,
用手中的劍將我分割,
按照我的體質結構將我四分五裂了……

---

*3 「伊翁」具有各種意思,諸如「毒藥」和所謂的「賢者之石」等等。另外,在尤里比底斯的悲劇中,阿波羅神殿祭司的名字也是伊翁。佐西姆斯在文學上同樣造詣頗深,他在這裡玩起了文字遊戲。

298

「他用揮舞的劍剝掉我整個頭皮，將骨頭和肉塊混合在一起，在手持的火上燒烤。於是終於，我隨著肉體的轉變，意識到我已經成為靈體。這就是我所遭受到的暴力。」

當他繼續講話時，我試著向他提出更多的問題。

結果如何，從他眼中冒出血，

他從嘴裡吐出了所有血肉。

他用自己的牙齒將自己撕裂。

變身成**被切碎的人造人**。[*4]

最後他倒在自己身上……

但是，這樣還是沒有阻止他啃咬自己的身體！(36-41)

——充滿恐懼的我在此時醒了過來。

---

*4 原文為 *anthrōparion*，在這裡的讀音使用較熟悉的拉丁語 *homunculus*。(編註：兩個詞都是「小人」之意，此處依循日文漢字的寫法寫作「人造人」，下一頁提到的「小人」亦指人造人。)

299　第 9 章　神祕煉金術

然後我這麼想著：

「剛才，我看到的是⋯⋯『水』所在的地方吧？」[5]

就像這樣，「幻覺」正如其名，是一篇奇怪的文章。故事從祭壇前不可思議的儀式開始之後，夢境裡突然交錯著殘酷的畫面，**人類開始被用刑審問、切割、自食和絕望**。佐西姆斯尤其目睹了祭司伊翁吐出自己的肉，並化身成四分五裂的小人。

切割、蒸發、淨化、凝結──這些都是金屬的煉金過程。然而，通往祭壇的階梯、混合用的碗以及身穿白衣的祭官這些形象本身，都來自宗教儀式。所以這經常涉及雙重和三重的隱喻。

如果是單一譬喻的話，是將金屬比喻成人類的心神嗎？或者是，將金屬擬人化了呢？最後**「水所在的地方」**是什麼意思呢？

佐西姆斯的「幻覺」未完待續。第二個夢，也是從一個碗狀的祭壇展開。不過，**這次祭壇的水卻出現了變化**。

＊5　DDTM, *Transmutation Theory in the Greek Alchemical Corpus*, Olivier Dufault Ludwig-Maximilians-Universität, München, Germany.

第二個夢：人造人

我確信自己已經正確理解方才的夢了，於是再次沉睡。

我又一次站在了Phiale（碗狀）的祭壇前方。在它的頂端水正在沸騰，在它的裡面……

佐西姆斯爬上祭壇向內窺探，結果發現裡面有許多人被烹沸，發出了悲鳴。人們雖然被焚燒殆盡卻仍然活著，變成了又小又乾的人造人。

結果，其中的一個人，手持剃刀的白髮人造人對佐西姆斯問說——[*6]

＊6 也可以讀作「揮舞剃刀」或「一群男性小人／傀儡人偶」（xurourgon anthrōpario）。

「你在看什麼？」

佐西姆斯：「我很驚訝。人類即使皮膚被攪爛，被焚燒卻仍然活著。」

人造人：「你所看到的這一幕，是一個入口、一個出口、一個蛻變。」

佐西姆斯：「蛻變是什麼意思？」

人造人：「這裡是一個叫作釀造／防腐（taricheia）的手術場所。想要達到超越境界的人會進入這裡，離開肉體變成靈魂。」

佐西姆斯：「你是靈魂嗎？」

人造人：「是的。我是靈魂，我是靈魂的守護者。」

當佐西姆斯和乾巴巴的小人造人交談時，依舊繼續沸騰，人們悲痛地喊叫著。

然後，一個手持鉛板的**銅人**走過來後，命令大家：

302

「受到懲罰的人抬起頭來並張開嘴巴。」

接著銅人對佐西姆斯這樣說道：

「你曾經想要知道，後來你抬起頭向內窺視，然後你也看見發生什麼事了吧？」

當我回答我看到了之後，他對我說：

「全部都是一樣的東西。你看見的銅人，是吐出自己肉體的人（即祭司伊翁），是獻上活祭的人，同時也是活祭本人。

此外，也是被允許統治這個水和受懲罰者的人。

在第二個夢之後,佐西姆斯再次醒來。

「為什麼會出現這個夢?這不就是沸騰的白色和黃色的水,神之水嗎?」

而且,我知道我的理解是正確的。

在第一個夢中水並不會動,但是在第二個夢中,水在火的作用下開始動起來並膨脹(沸騰)。無數的人類在一個容器(Phiale)裡被烹煮,還出現了一個銅人,不合邏輯的程度不遜於第一個夢。

然而,儘管眼前發生了意想不到的景象,佐西姆斯仍然沒有放棄調查,他試圖理性地理解自己所看到的一切。

金屬的熔解、人類、心神、末世論、當時各種宗教的影響⋯⋯所有的元素都散發出來又消失。

究竟,這個夢是怎麼回事?

終於從「幻覺」中醒來的佐西姆斯,開始說他全部明白了。

304

覺醒：找到入口

我終於明白了。

銅人會給予，液化後的礦石會搶奪。礦山會給予，牧草地會搶奪。

星星會給予，花朵會搶奪。天空會給予，大地會搶奪。

雷擊會引發火焰。……

所有的事物交織在一起，所有的事物被解開。

所有的事物混合在一起，所有的事物被結合。

所有的事物融為一體，所有的事物分離。

所有的事物浸泡在水中，所有的事物乾涸。

在Phiale的祭壇內，萬物百花齊放，萬物陳舊褪色。

每一件事情的發生，皆有其方法，

而且需要計算測量四種元素。

因為，大自然變化時，它本身也會改變。

這正是整個宇宙的卓越本質，連結著整個宇宙。

……說到這裡，佐西姆斯突然停下嚴肅的口吻。他向「讀者」（也就是我們）使眼色，說他可能有點得意忘形了，**最後告訴我們要去尋找「入口」。**

用普羅孔尼索斯生產的大理石為自己建造一座神殿,[*7] **這座神殿的構造無始亦無終**，像一片白鉛一樣，像一片雪花石膏一樣。[*8] 內部湧出最純淨的水源，太陽的光芒一直閃爍著。

徹底調查如何抵達入口，將劍握在手中，**然後找到入口**。

入口處是個狹窄的地方，有一條蛇守護著神殿。

打贏這條蛇之後，將這條蛇活祭，剝下牠的皮，取下牠的骨頭和肉，將牠的

---

*7 Proconnesus，黑海的島嶼，在古代是大理石的一大生產地。它是一種中粒至粗粒的白色大理石，特徵是通常帶有灰色的條紋。

*8 神殿可能是圓形的意思（Mertens [1995]）。

306

手腳切碎成四分五裂。接下來，將她的雙手雙腳與神殿入口的骨頭匹配之後，就可以自己創建階梯往上攀爬，**進入裡頭。你將在那裡找到你一直在尋找的東西。**

因為，正看著你在水源匹配東西的祭司，**也就是銅人，已經不再是銅人了。因為他改變了與生俱來的膚色變成銀人，如果他希望的話，不久之後即可變成金人。**

讀者在此時會意識到，最後的文章看似是在暗示**「黃金」**的作法。同時，令人害怕的是，夢境正在侵蝕現實。

佐西姆斯現在已經清醒了。在他醒來之後，他仍然在用夢中的詞彙對我們訴說著切割的畫面，以及「銅人」等等的事情。

307　第9章　神祕煉金術

醒不過來的夢：最後的繼承人

佐西姆斯四處觀察，但是絕對不會透露幻覺中神祕話語的細節。他的幻覺體驗究竟意味著什麼？神祕煉金術的真實情況是什麼呢？

在研究者之間，對於「幻覺」的見解依然是意見分歧，有一派認為它是象徵性地描寫了煉金術的過程，有一派認為它是儀式性地描寫了人類心神的淨化，還有一派持折衷的態度。

我來為大家介紹我最喜歡的哲學家希爾維拉的一個理論。他的理論是，「**幻覺」是一扇用來吸引讀者進入古老祕密的「門」**。

閱讀「幻覺」之後，大家都會找到迎合自己的正向意義。如果是神學家便會看到宗教和儀式的實踐，如果是心理學家便會看到內在體驗，如果是科學史學家

＊9 Silveira (2020)。同一本書也涵蓋了先行研究。

308

則會看到隱藏在隱喻中的科學。

而且會讓所有立場不同的讀者都這樣思考——「在這篇文章中埋藏著一些必**須挖掘出來的知識。如果是從我的領域，或許可以接觸到這些祕密。」**

佐西姆斯將鑰匙交給來自各種背景才華橫溢的讀者一面說道：「**要找到入口」、「要走進去」、「在那裡會找到你要找的東西」**。他就是以這種方式，引導讀者走向煉金術的探索。這是一次非常巧妙的勸誘。

這種事情會有可能的原因，無非是因為**佐西姆斯在文章中的確使用了「煉金術」**。他以精神、魔法、哲學和科學主題為素材，透過寫作將夢境與現實融合在一起。這不正是讓所有物質融解、昇華的「煉金術」之術嗎？*10

煉金術是古代所有學問的集結，而佐西姆斯不愧是最適合成為最後一名繼承者的煉金術師。我們被吸引進去的，並不是佐西姆斯狂野的夢境，而是他指尖精準指向的實驗室。

*10 希爾維拉針對佐西姆斯的「幻覺」提出了結論：「似乎不太注重傳授實用的知識，而更注重於引發對煉金術所有知識的熱情，或是恐懼心理。它的作用是鼓吹和煽動，而不是指導。」

309　第**9**章　神祕煉金術

在煙霧繚繞、金屬熔解的熔爐前，歷經1600年後，他依然在等待著能夠繼承自己知識的人。他在說，何不進入這個世界，然後探索世界的「祕密」呢？

就這樣，佐西姆斯甚至將讀者也變換成煉金術最後的繼承者了。

然後世界就終結了

佐西姆斯所展示的「祕密」實在令人著迷。自古代晚期以來，他的作品歷經好幾個世紀，成功地持續吸引了不同語言和知識背景的學者。

然而對於佐西姆斯和煉金術的敬意，卻讓進入新領域的研究產生麻痺──為什麼不能製造出「賢者之石」呢？為什麼不能像佐西姆斯一樣把鉛變成黃金呢？為什麼？

慢慢地古代的煉金術就像這樣，作為一門學問走投無路了。

310

西元1062年的煉金術師阿爾‧圖格拉伊這樣回憶著：

「煉金術師盡了最大的努力，但是除了平常生成的東西之外，他們什麼也無法創造出來。除了從人類的精液創造人類，從穀物中創造小麥之外。

他們曾嘗試讓人類毛髮發酵來製造蛇和胡蜂，曾嘗試用腐爛的馬肉來製造胡蜂，曾嘗試用人肉來製造人類，曾嘗試用其他無數的東西來製造人類，但是**全都失敗了**。」
*11

魔法的古老時代就這樣走向了終結。

意地を通せば窮屈だ。とかくに人の世は住みにくい。智に働けば角が立つ。どこへ越しても住みにくいと悟った時、詩が生れて、画が出る。意地を通せば窮屈だ。山路を登りながら、こう考えた。意地を通せば窮屈だ。山路を登りながら、こう考え情に棹させば流される。意地を通せば窮屈だ。住みにくさが高じると、安い所へ引き越したくなる。情に棹させば流

*11 《慈悲的鑰匙和智慧的祕密》（Khadevy [1996]; Dufault [2019]）。

煉金術師的履歷 ④

在煉金爐前交談的佐西姆斯和提奧塞比亞

姓名 佐西姆斯
古代最後的煉金術師

時代、地區

出生於埃及的帕諾波利斯。
西元3世紀末至4世紀初。

簡介

古代最後一位煉金術師，不斷地反覆做實驗。他所寫的一系列煉金術文本，經常被繼承者引用。

煉金術從實用的冶金技術，隨著正式的神學體系與實用的實驗，最後發展成完全成熟的神祕主義宗教。這被視為是佐西姆斯的功勞。

「提奧塞比亞，我明明告訴過妳要研讀先行研究！妳自己都不去查看，卻要我跟妳說明一切。」
（對著偷懶不做作業的弟子提奧塞比亞說。）＊12

「我不會施展魔法。我在研究和實踐的東西，與沒有用處的魔法不能相比！」
（被評論家取笑。）＊15

「只有擁有科學和實踐智慧的人，才能使用它（賢者之石）。」＊14

「提奧塞比亞，我寫不出比古人更好的書……但是我明白。我會寫的。」
（弟子要求他寫一本關於實驗器材的有趣書籍。）＊13

特色雷達圖

```
        現代的知名度
喜愛提奧塞比亞            綜合實力
的程度
    權威度        寫作能力
```

＊12 Dufault, O., [2019]《論歐米茄字母》。
＊13 Dufault, O., [2019]《論歐米茄字母》。佐西姆斯經常說：「我只是依據以前的權威，並沒有拿出任何新的東西。」
＊14 本文。
＊15 MA 1.7等等。佐西姆斯在各處多次批評魔法，但是反而突顯出自己被視為魔法師的事實。

出處：*The Mushaf as-suwar*, İstanbul Arkeoloji Müzeleri Kütüphanesi, MS 1574, fols 139v

312

煉金術師的履歷 ❺

姓名 提奧塞比亞
佐西姆斯弟子？的女煉金術師

時代、地區 與佐西姆斯時代相同。

簡介

被佐西姆斯稱作「親愛的女士」、「紫衣君」的神祕女煉金術師。佐西姆斯的許多著作都是以寫給提奧塞比亞的書信形式所撰寫。二人的關係看似師徒、兄妹或朋友。不過她似乎是與佐西姆斯持不同意見的煉金術士。她是一名教師，還擁有貴族女性的身分，率領著一群志同道合的學生*21。

特色雷達圖

- 有錢的程度
- 受佐西姆斯照顧的程度
- 擁有的書籍數量
- 不做功課的程度
- 神祕主義

「師父～！請你寫一本實驗器材的書，要比古代文獻更有趣！」
（不顧要閱讀古代文獻的功課，對著佐西姆斯說。）*16

「親愛的（提奧塞比亞）女士，我知道妳想隱瞞煉金術。所以，妳也想將煉金術相關書籍保密。儘管保密是必要的，但是讓每個人都能持有煉金術的書籍是極其公平的事。」*18

「當妳需要我時我就會趕過來。但是，妳要仔細想清楚，並記起妳應該做的事情。」*20

「提奧塞比亞，別再想那些愚蠢的事情了！我聽說妳和塔夫努提（另一位女煉金術師），以及祭司羅斯這種沒學問的男人交談，並試圖利用他們的愚蠢，讓他們轉而執行毫無益處的煉金術。如果這是真的，那真是夠了!!（我比他們更能正確理解祕方。妳不要和我做出相互矛盾的解讀。）」*19

佐西姆斯所說的話
「我有不明白的地方所以感到絕望，但是妳家的圖書館幫了我大忙。」*17

---

*16 Dufault, O., [2019]《論歐米茄字母》。間接出現在與佐西姆斯書信中的一句話。
*17 Dufault, O., [2019]; MA 8.1-20.
*18 Dufault, O., [2019]《論歐米茄字母》。
*19 CAAG 2.190.5-9. 由於措辭難以理解，因此這裡特別加以意譯。
*20 Dufault, O., [2019] III.
*21 Dufault, O., [2019]; CAAG 2.204.

313　第9章　神祕煉金術

巴里納斯傳 9　大魔法師最後的逃脫

斐洛斯脫拉德《阿波羅尼烏斯傳》第 8 章 30 節

三更半夜，在克里特島的狄克忒聖地[*22]。年老的巴里納斯再次被關進了監獄，這次是因為他**以魔法師兼強盜的身分入侵**了聖地。

神殿的守護者對巴里納斯說：

「神殿的看門狗不應該沒有叫。你這個魔法師，對狗施了什麼魔法才讓牠乖乖聽話的!?」

「嗯⋯⋯我沒有施展魔法啊，是狗自己接近我還偎在我身邊。」

「別說謊了！那可是一條不會輸給熊和獅子的兇猛看門狗！如果你不是想偷走神殿寶物的強盜，那你在這三更半夜入侵神殿是有什麼目的!?」

*22　希臘最古老的神殿洞窟之一。

「這就是我的目的。」

巴里納斯在眾目睽睽之下，用魔法掙脫了鎖鍊和牢籠。隨後，他跑到神殿最裡面的門。這扇只允許神進入的門突然自己打開，他穿過之後，門隨即再次關上——

「沒錯，我將永遠活著。」[*23]

女神不可思議的歌聲從緊閉的門後響起：

「**從大地升起，向天上攀升！你將升天至神界！**」

就這樣，巴里納斯從地上消失無蹤。

*23 這也是哲學家畢達哥拉斯說過的話。

終章 終極祕密——魔法的本質

我們已經看過了各種古代魔法，從基本的咒語到至高無上的煉金術，但是還有最後的一個祕密。

歸根究柢，「魔法」到底是什麼呢？ 在本書的終章，將開始討論延續至現代的魔法真面目。

魔法對「第三定律」的反駁

對現代人而言，魔法是一種直觀的反科學概念。

在此引用科幻小說作家亞瑟・克拉克（Arthur C. Clarke）著名的「第三定律」。

「**充分發展的科學技術與魔法無法區別。**」[1]

---

[1] 《樂園的日子》亞瑟・克拉克的回憶》（亞瑟・克拉克／早川書房）

看到最尖端的技術時，大家都會覺得「就像魔法一樣」。換句話說，無法理解其結構、無法重現的事物看起來都像魔法。「科學可以解釋因果關係，而魔法不能」，這句話間接定義了兩者在表面上的立場。

接下來，便從以下狀況來思考一下古代人和現代人的差異。

A　用微波爐加熱物質

B　畫魔法陣讓屍體復活（亡靈魔法！）

根據克拉克的第三定律，古代人並不了解微波爐的運作原理，因此A和B肯定看起來都一樣是「魔法」。另一方面，現代人並不會將A看作是魔法。因為**已經知道微波爐的運作原理了。**

──但是，事實果真是如此嗎？

即使是現代人，也有很多人無法正確解釋微波爐的運作原理，更無法加以重現。大多數人會說「類似微波的那個東西在那樣運作……」，縱使有人可以完美

319　終　章　終極祕密──魔法的本質

地解釋，但是當有人要求他們「不然試著做出一個微波爐看看」時，相信多數人都束手無策。

換句話說，我們並不完全理解微波爐、智慧型手機或電腦的運作原理，也沒有能力重現它們，卻不會將它們看作是魔法。

為什麼呢？因為微波爐是我們日常生活的一部分，自從我們出生以來到處可見，習慣在家裡使用了。

魔法歷史學家埃德蒙茲這樣指出：「對我們而言，正是『不尋常』的事情才會湧現『魔法』這種認知，而不是無法解釋因果關係的事情[*2]。」

資料1 尋常在金字塔的中間

廣害

尋常

差勁

兩種極端都是「不尋常」
＝
魔法的領域

因此，魔法具有積極的含義，也有消極的意思。
「像魔法一樣厲害！」
「這種東西是魔法。」

[*2] Edmonds [2019]。在現代，魔法是一種與「科學」和「宗教」相抗衡的概念。宗教vs科學vs魔法。然而，在古希臘甚至沒有「科學」和「宗教」這兩個名詞。涵蓋科學和宗教的概念是「尋常」（常識、習俗），所以在這裡出現了「尋常（宗教＋科學）vs 魔法」的定義。

針對魔法的定義，學者之間也是意見分歧，在先行研究同樣是十分熱門的領域。先行研究已經彙整於Edmonds [2019] 中，對這部分有興趣的人，請參考此文。

320

這在將魔法定義為「**反宗教的東西**」（**邪惡的東西、異端的東西**）時也是如此。由於這個宗教在社區裡有多數人信仰，屬於常態，因此偏離這個宗教的事物都會被自動看成魔法。

舉例來說，在祭壇上砍下動物的頭當作祭品時，若鮮血噴湧而出的話，在許多現代人眼中看起來都像是「魔法」，但是對古希臘人來說，這種祭品屬於尋常的宗教行為，完全不會看成是魔法。反而在祭壇前不獻祭，只是祈禱的人才是不尋常的，所以顯得神奇。

所以，用一句話來形容魔法本質的話，它並不會無法解釋，也不會不科學，更不是神祕的事情。而是「**不尋常的事情**」。關於這些儀式是如何跳脫常態的行為，才正是「魔法」的本質之一。

古代的「尋常」讓他成為了魔法師

古希臘的每一位魔法師，都是與「尋常」奮戰的人。

最後一位煉金術師佐西姆斯，是當代最科學的煉金術師，但是他卻一直被周遭的人譴責為「魔法師」。

佐西姆斯在寫給好友女煉金術師提奧塞比亞的信中如此提道[*3]：

「**親愛的女士，其他的煉金術師一直嘲笑我是魔法師。**[*4]」

他被嘲笑的理由，是因為**「他在進行煉金術時沒有使用占星術」**。

當時普遍認為，天體會對人間造成影響（參照第 7 章〈天體魔法〉）。所以其他的煉金術師當然會認為，想要實驗成功就會牽涉到是否有占卜出適當的時間，並遵守適合諸神的時間。

*3 二人的關係並不是十分清楚，她可能是妹妹，可能是弟子，可能是其他的關係，說不定實際上並不存在。「親愛的女士，我會趕來以彌補妳的不足」、「隨時都行」，從佐西姆斯的撰寫內容，可知她信任他這名煉金術師。然而，從信件中可以確定，她是一位與佐西姆斯有著不同想法的女煉金術師。（為方便起見稱為「信件」）

*4 佐西姆斯的作品有個特徵，就是匿名作者然後對某位女性「親愛的女士」（ō gunai），據說是在對提奧塞比亞訴說。

322

然而佐西姆斯卻持續從正面否定這一點。他認為**操控物質與星星無關**，統治行星的諸神也與此無關！

從現代的觀點來看，可知佐西姆斯的發言更為科學。然而，佐西姆斯在他的論文《論熔爐》中如此論述後，卻遭到其他煉金術師的嘲笑。[*5]

佐西姆斯的煉金術極其複雜且精妙。他的煉金術遵循步驟，嚴格遵守容量，不使用占星術，即便在同行眼中也是「不尋常」的作法。

從古時候同代人的角度來看，這已經被歸類為魔法了。

或者說，即使做了同樣的事情，**施術者的社會地位有時也會成為判定它是否為魔法的因素。**

古希臘男性公民認為的**「哲學」**，由外國人在執行時就成了**「魔法」**。由男性施藥治療時就會是**「醫術」**，但是由女性來做的話就會變成**「魔法」**。因為女性涉及醫術這種最高知識領域的事情並不尋常。[*6]

在本書中介紹過的所有魔法師（女巫）說不定都會驚呼：「也許我被稱作魔

[*5] 他在他的《歐米茄書信》還有《最終言論》中，都強烈反對同時代的人試圖將煉金術與占星術連結的風潮。然而，佐西姆斯抗議得太過分了，結果，更加凸顯出他這個人的「不尋常」，還有他一直被視為魔法師這件事。

[*6] 神話中出現的女巫美狄亞明明是「外國人」，也是「女人」，但是她擁有高度的醫學知識，全靠自己的力量來決定自己的命運。和男性同樣具有知識和決斷力的女性，在當時並不「尋常」。所以對於古希臘人來說，她是最偉大的「女巫」（參照第214頁）。

323 終章 終極秘密──魔法的本質

法師，其實我並不是。我是賢者／哲學家／科學家／祭司！」包括魔法師之王皮蒂斯，以及宮廷魔法師奧斯坦尼斯，還有在史料中只有提到一行字的魔法師，甚至於大魔法師巴里納斯都是如此認為。

他們（她們）並不是因為可以使用魔法才成為魔法師（女巫），而是因為周遭的人判定他們（她們）與眾不同，所以才看起來像是魔法師（女巫）。

現代的「尋常」讓她成為了科學家

我們也來試著解開施加在現代人身上的幻術吧！問題在於，究竟是誰在〈古代〉魔法」的史料上貼上了「魔法」這樣的標籤呢？

針對實用煉金術所撰寫的史料，與至今為止也曾多次出現的希臘魔法莎草紙出自同一來源，都是由同一位作者所創作的。*7 總之對於古代的「魔法師」而言，這種煉金術也和過去一樣屬於「〈魔法〉技術」的範疇。

*7 這裡舉出普雷森丹茲（Preisendanz）之說，這兩份煉金術莎草紙，與魔法莎草紙XIII（參照PGM vol. 2, 86）都是由同一位作者創作的。由此可見，從編輯方面的觀點將「萊頓莎草紙」和「斯德哥爾摩莎草紙」區分開來，可能會產生誤解，還會強調「魔法莎草紙」。它們不一定代表古代人如何看待煉金術和魔法的傳統。

324

然而，實用煉金術有別於天體魔法，在現代人眼中看似「科學」，因此被排除在現代編纂的《古希臘魔法莎草書》的目錄和翻譯之外，而且被安排在「**科學史**」的分類底下。

對於古代魔法的史料，應該沒有比這個更能清楚顯示現代學術分類的主觀了。

總而言之，**並不是古代人，而是現代人選擇了什麼才是古代魔法**。我們只會選擇在我們眼中看起來像是魔法的東西，並歸類為「魔法」。

從某種意義上來說，**「古代魔法」這個領域可說是現代的我們所見到的幻想**。

儘管如此還是無法解開魔法

話說回來，已經帶大家來到古老祕密之門的另一頭了。但是那扇門始終只有打開一些。

325　終　章　終極祕密──魔法的本質

古代魔法經過哲學和煉金術等古老學術領域後，深深根植於現代常識的認知中。儘管科學技術和宗教觀將古代和現代明確區分開來，但是對於魔法的態度歷經幾世紀卻始終如一。如果和古代一樣，至今仍把涉入男性知識領域的女性稱為女巫的話，還有，如果把擁有不同想法的某個人像魔法師一樣帶著偏見看待的話，那麼魔法的時代依然沒有結束。

不過，魔法好的一面也充斥在我們的世界。

古代人將魔法師定義成「試圖憑藉一己之力連命運都想顛覆的人」。希望靠自己的雙手改變常識、社會地位、物理定律、未來以及其他無法逃避的命運的行為——這在古代是惡徒的代表，但是在現代，卻是我們一直在尋求的力量。

如果你曾經一度掙扎過「要改變命運給別人看」，如果你曾經抵抗過「尋常的事情」，那麼我們也算是魔法師了。

後記

「藤村同學，妳知道嗎？在古希臘，有一種可以交到朋友的魔法喔！」

當初會想要寫這本書法，源自於我研究所時期朋友的一句話。

那時朋友當場念誦了魔法莎草紙12卷第397行，「為了得到永久的善意與友情」的祕方（用古希臘語！）。就是在第5頁上出現的那個，「將松露、沒藥和硫酸銅混合後製成香味油墨，並在魁蒿根上寫下以下8個魔法文字」。

到那時為止都很正常，沒想到他卻說：「這個護身符是我親手製作的」，後來便將照著祕方完成的護身符「啪噠！」一聲地從口袋裡掏了出來。

「到目前為止，我還沒有交過可以稱作朋友的人，但是自從帶著這個魁蒿的護身符後，我就和妳變成朋友了，所以我確信古老魔法很有效。」

此時空氣中飄著松露、沒藥和魁蒿混雜的香氣，令我永生難忘。

直到那一瞬間，我一直認為「魔法」是令人恐懼或虛構的東西，心裡的某個地方甚至覺得鄙視。然而，當朋友在我眼前積極展示具體的例子時，我先入為主的觀念便瓦解了。[*1]

我認真探索了古代魔法的歷史。隨著時間流逝，最終向方才提到的同學，如今是魔法研究家暨魔法師的黑川巧先生提出了這樣的想法：「我打算在下次主持的NHK講座中探討古代魔法。我希望你能來幫幫我。」

「在NHK講座上⋯⋯探討魔法嗎？」他知道談論這個領域有多困難，所以他心想這個提案一定不會被NHK研究室接受，或者我早晚會清醒過來，最後回答我說：「沒問題喔！」[*2]

於是，造就了現在大家所閱讀的這本書的講座便誕生了。這是發生在2020年的事情。[*3]

雖然是自吹自擂但是這個講座大獲好評，所以才會加入更多圖像和資料出版了這本書。黑川巧先生也為這本書提供了許多協助，我還請他施展了一點點的魔法。

328

另外，我還要感謝為本書創作插圖的朋友，插畫家星野香菜彥先生。他為本書附上了寶石的圖案、煉金術的工具和藥草等，具有文獻價值的精美插圖。

除此之外，我更要感謝所有為本書提供協助的人。*4

希望這本書能多少將我熱愛的古代魔法師其世界的魅力傳達給大家！

ΑΒΛΑΝΑΘΑΝΑΛΒΑ～！

*1 這種情況會出現在熟悉古希臘研究的同伴之間，但如果在現代突然施展魔法的話反而可能失去朋友，所以要小心。
*2 黑川巧 [2020]。「他說過，不要留下文字。」（《Eureka》）
*3 NHK文化講座《古希臘與羅馬魔法史》。至今仍可在檔案館中查看。
https://www.nhk-cul.co.jp/misc/ondemand_sisin/
*4 特別感謝：所有傾聽我煩惱的古希臘騎士。在節目上為我占卜要我「增加插圖」的占卜師「暮れの酉」先生。為原稿提供意見的漫畫家尾羊英先生。對講座給予意見的NHK文化講座的每位學員。辛勤工作的編輯仁岸先生和宮內先生。

329　終　章　終極秘密──魔法的本質

巴里納斯傳 10 永遠的大魔法師

斐洛斯脫拉德《阿波羅尼烏斯傳》（西元3世紀）最終節

巴里納斯離開大家之後，已經過了很長一段時間。

在其弟子位於提亞納的教室裡，一名年輕人開始了對話。

「我問大家，巴里納斯真的升天變成『不朽的靈魂』了嗎？我這九個月來，一直在祈禱他能告訴我靈魂不朽的祕密，但是他從未出現過，也沒有向我展示他不朽的證據呀！」

年輕人始終不相信巴里納斯能永生不朽。

但是四天後，當他年輕的同學正專注於書本上，或是在地面上描繪幾何圖案學習時，他像發狂一樣大汗淋漓地大叫起來——「巴里納斯啊，我相信你！」

其他學生問他到底發生了什麼事時，他說道：

「**你們沒看見嗎？巴里納斯就在那裡！**他就在我們身旁，聽著我們的談話！他正在唱一首關於靈魂不朽的歌曲！啊啊！你們聽不見他唱的歌嗎——」

靈魂是不朽的。但是它不是你的。

因為靈魂是天命之神的所有物。……

然而，對你來說，這樣的祕密有何意義？

總有一天，當你離開這個世界時，不管你喜不喜歡你都會知道。

那麼你在活著的時候，為什麼要探尋這個祕密呢？

終

ψυχὴ κοῦ χρῆμα σον, ἀλλὰ προνοίας,
σῶμα μαραυθόν, ἅτ᾽ ἐκδεδρομὼν θοὸς ἵππος,
ὡς προδραμοῦσα κερόννυται ἠέρι κούφῳ
ἦν καὶ πολύτλητον ἀπωστέρξασα λατρείην
δὲ τί τῶν ὀφελος, ὅπου οὐκέτ᾽ ἐὼν τότε δόξεις·
τί μετὰ ζωοῖσιν ἐὼν περὶ τῶνδε ματεύεις

331　終章　終極祕密——魔法的本質

古希臘表面世界和隱祕世界的年表

帕德嫩神廟（雅典）

多多納（希臘最古老的宙斯神諭所）

歷史分期	年代	古希臘表面世界的歷史	隱祕世界的「魔法」史
	約西元前800年	字母的發明。	
古風時期	西元前776年	舉行第一屆古代奧林匹克運動會。	荷馬創作敘事詩《伊里亞德》和《奧德賽》→**最古老的西方文學**。這兩首詩後來都成為**最古老的魔法書**被魔法師使用。「涅斯托爾之杯」，關於情愛魔法最古老的實物。
	約西元前700年	海希奧德《神譜》。	
	約西元前530年	數學家畢達哥拉斯的活躍時期。	畢達哥拉斯後來被認定為魔法師。
	西元前490年~	波斯戰爭。	波斯國王薛西斯的隨從魔法師奧斯坦尼斯用亡靈魔法召喚亡靈。史料中記載，希臘方面也召喚了阿基里斯和埃阿斯的靈魂加入薩拉米斯戰役。
古典希臘時期	約西元前480年	在政治家伯里克里斯統治下，雅典民主政治的鼎盛時期。	大約此時出現了**詛咒石板最早期的物證**，例如蓋蒂的咒語詩等等。
	西元前438年	帕德嫩神廟完工。	
	西元前431年	伯羅奔尼撒戰爭。	
	約西元前440年	哲學家德謨克利特的活躍時期、哲學家蘇格拉底的活躍時期，弟子柏拉圖出生。	德謨克利特被後世的魔法師稱為「煉金術之父」。
	約西元前430年		

盛大的亡靈召喚戰役！

332

羅馬競技場

亞歷山卓燈塔

	羅馬帝國時期						希臘化時代			
約西元500年	西元393年	西元392年	約西元357年	約西元300年	約西元220年	約西元1年	西元30年	約西元前200年	約西元前300年	西元前323年	西元前330年	西元前334年
古代奧運廢止。	基督教成為羅馬帝國的國教。異教禁止令。	君士坦提烏斯二世禁止所有魔法。	天文學家托勒密的活躍時期。	耶穌基督誕生。	奧維德《變形記》。	安提基特拉機械被製造出來。	科學家阿基米德和埃拉托斯特尼的活躍時期。	狄奧尼修斯版《阿爾戈號探險》。阿波羅尼烏斯版《阿爾戈號探險》。	天文學、冶金和其他學問的知識增加，和以前時代相比，女性的地位有所提升。	知識的時代！	亞歷山大大帝遠征東方。
寶石魔法書籍《石之歌》問世。	煉金術師佐西姆斯的活躍時期。	不斷出現被懷疑是魔法師並被判處死刑的人。	希臘魔法莎草紙彙整了巴里納斯的言行錄。斐洛斯脫拉德彙整了巴里納斯的言行錄。	大魔法師巴里納斯的活躍時期。	占星術大流行。	煉金術興起。	神話中的女巫美狄亞被描繪成理性、聰明、獨立的女人。	異國知識與魔法逐漸結合。	魔法高度發展、專業化。	古希臘最著名的女巫審判。泰奧里斯被判死刑。	大魔法師巴里納斯後來以亞歷山大的隨從魔法師身分同行（與實際的年代不符）。

古希臘魔法　歷史分期

古希臘的魔法世界，大致可以分為4個時期。

古風時期（西元前8至6世紀）

書寫本身就很神奇

文字（字母）才發明沒多久。

文字並不是一般的溝通手段，此時是「口傳」的世界。

在這樣的世界裡，真正重要的資訊並不會以文字的方式保留下來。愈重要的資訊，愈無法從文字中看到。這與現代會要求馬上「做筆記」的世界完全相反。

除了宗教儀式之外，就連魔法也沒有以文字記錄下來，因此這個時代留下的證據相當少。

古風時期（西元前5至4世紀）

魔法史料的鼎盛時期，正典時代

這是「魔法」（magos）一詞第一次出現的時代。

波斯戰爭的結果，希臘人見到了外國波斯的「祭司＝magos」。

「那些人有些不尋常，他們來自外國，信仰我們所不知道的某種宗教。」

這個外國的祭司，後來演變成「魔法師」的代名詞。

這是一個留下許多魔法史料的時代。然而，這時並非魔法的鼎盛時期，而是後世的人們認定這個時代是最有價值的「經典」（古典、過去的美好時光）。

在這當中，許多社會邊緣人群的宗教習俗，也就是魔法的史料都保留了下來。

334

希臘化時代
（西元前3世紀至西元1世紀）

魔法高度發展、專業化

魔法的地位發生劇烈變化，這是它最輝煌的時代。口傳才是至高無上的時代結束了，需要計算複雜行星軌道的天文學、占星術以及天體魔法得到了發展。此外，還誕生了需要金屬相關技術的煉金術。

然而，這個時代的魔法只有知識分子才能理解。魔法至此一直被人視為負面且感官的東西，但是後來變得正面，逐漸提升成只有擁有高度學術知識的人才能夠接觸到的東西。

例如說「如果你有心要學的話，我就把我的魔法教給你」，故意賣弄學識的魔法師大部分都是這個時代以後的人。他們一直認為自己才是真正的智者。

羅馬帝國時期以後
（西元1至5世紀）

魔法也隨著世界而改變

基督教興起，加上政治形態結構發生變化，對魔法的世界觀造成影響。

對於魔法的批評愈發激進，人們甚至會反過來以懷舊的語境談論魔法。比方說：「昔日的規範（宗教觀、統治形態）真是美好啊！」

隨著羅馬帝國在整個地中海地區取得霸權，也加進了拉丁語的魔法資料。

快來試試看！古希臘的書冊占卜

「荷馬的神諭」

引用自 PGM Ⅹ 24-

這是一種古代的書冊占卜，使用了吟遊詩人荷馬吟唱過的西方最古老敘事詩《伊里亞德》和《奧德賽》。

……話雖如此，古希臘是未有「小冊子」，只有「卷軸」的世界，所以是使用詩節來占卜，而不是打開書頁。即使在現代也很容易做得到的，所以請大家一定要好好享受一下古希臘人樂在其中的占卜！

但是要小心，因為古代的占卜會毫不留情出現毀滅性的不祥結果！

使用方法

①想一個你想問的問題（例如：「我該和朋友談談煩惱嗎？」）。

②擲3次骰子（例如：出現點數4、5和1）。

③請在下述表格中，查看與骰子點數相對應的詩節。這就是來自《伊里亞德》和《奧德賽》對問題的答案。

範例

數字4-5-1「可以說一部分，但是一部分要隱瞞」。

（引用自《奧德賽》11歌443行）

※這是最適合占卜的表現方式，
所以與一般的《伊里亞德》和《奧德賽》略有不同。
※句尾 [ ] 內文字表示出處。
例如[Od. 9.137]是指《奧德賽》第9歌137行。

骰子點數	來自《伊里亞德》和《奧德賽》的神諭
1-1-1	飢餓正是人類痛苦的根源。[Od. 15.344]
1-1-2	無需拋錨,也無需繫繩。[Od. 9.137]
1-1-3	被劍擊中,河水被血染紅。[Il. 21.21]
1-1-4	無
1-1-5	握在他手中的權杖是由赫菲斯托斯打造的。[Il. 2.101]
1-1-6	無
1-2-1	現在有了莫大的補償,希望能軟化他。[Il. 9.120, 19.138]
1-2-2	否則諸神一定已經把你逼瘋了。[Il. 7.360, 12.234]
1-2-3	無
1-2-4	無
1-2-5	請安置在宅邸裡。希望你能開心地回國。[Od. 15.128]
1-2-6	無
1-3-1	無
1-3-2	無
1-3-3	然而宙斯並不會實現人類任何的心願。[Il. 18.328]
1-3-4	我甚至如此希望,那樣該有多好。[Il. 3.41; Od. 11.358, 20.316]
1-3-5	希望你能克制自己的傲慢。[Od. 17.244]
1-3-6	女人啊,妳剛才說的事情我也正在思考。[Il. 6.441]

> 寫著「無」的地方在莎草紙上是
> 出現破洞而無法清楚閱讀的部分。
> 現代的各位,真是抱歉。
> 重新擲骰子吧!

骰子點數	來自《伊里亞德》和《奧德賽》的神諭
1 - 4 - 1	無
1 - 4 - 2	雖然嘴上說著好話,但是內心卻在想著邪惡的計畫。[Od. 17.66]
1 - 4 - 3	諸神賜予的美好賞賜是無法拒絕的。[Il. 3.65]
1 - 4 - 4	無
1 - 4 - 5	無
1 - 4 - 6	受到宙斯寵愛的斯卡曼德里俄斯啊,聽從你的指示。[Il. 21.223]
1 - 5 - 1	讓敵人歡喜,會成為自己的恥辱。[Il. 3.51]
1 - 5 - 2	今年之內奧德修斯將會回到這裡。[Od. 14.161, 19.306]
1 - 5 - 3	反正不能為你的遺骸穿衣的話,那就什麼忙都幫不上了。[Il. 22.513]
1 - 5 - 4	勝者將獲得妃子和財富。[Il. 3.255]
1 - 5 - 5	指揮官人數太多不是件好事。有一名指揮官即可。[Il. 2.204]
1 - 5 - 6	門口和中庭到處都是亡靈。[Od. 20.355]
1 - 6 - 1	我們取得了偉大的成就。打敗了勇敢的將軍赫克托爾。[Il. 22.393]
1 - 6 - 2	誰能擔負這項工作,好好地完成它呢?[Il. 10.303]
1 - 6 - 3	即使給我像砂粒或塵埃一般多的賞賜(我也不要!)。[Il. 9.385]
1 - 6 - 4	無
1 - 6 - 5	無
1 - 6 - 6	無
2 - 1 - 1	島上沒有任何騎馬場或良好的牧場。[Od. 4.607]
2 - 1 - 2	你小時候,沒有從父親那裡聽說過什麼嗎?[Od. 4.688]
2 - 1 - 3	無
2 - 1 - 4	無

骰子點數	來自《伊里亞德》和《奧德賽》的神諭
2-1-5	無
2-1-6	斷然拒絕他說要送我的禮物。那種東西對我來說一文不值。[Il. 9.378]
2-2-1	最愛的孩子終有一天將繼承龐大的財富。[Il. 9.482; Od. 16.19 (?)]
2-2-2	無
2-2-3	無
2-2-4	無
2-2-5	幽靈聚集在周圍,而且愈靠愈近……[Od. 24.19]
2-2-6	編造一個無法確認來源的假故事。[Od. 11.366]
2-3-1	拿出勇氣來,讓以後的人歌頌這個名字![Od. 1.302]
2-3-2	倚靠在男人建造的墓碑上。[Il. 11.371]
2-3-3	回去。退路已經打開,船就在眼前。[Il. 9.43]
2-3-4	唉,這話說得太隨便了。反正你都不會照你說的去做。[Il. 19.107]
2-3-5	另一方面,母親正流著淚在悲嘆……[Il. 22.79]
2-3-6	在這裡坐五、六年也沒用。[Od. 3.115]
2-4-1	這樣說完後,隨即命令醫神佩恩(阿波羅)來治療。[Il. 5.899]
2-4-2	可憐的傢伙。你的願望我一定會幫你實現。[Od. 11.80]
2-4-3	你居然讓我過去的努力白費,你究竟想幹什麼?[Il. 4.26]
2-4-4	雖然成功會延遲,但是將成為後世討論的話題,絕對不會被人遺忘。[Il. 2.325]
2-4-5	也許你會厭倦而回到你的祖國。[Od. 3.117]
2-4-6	去吧,也許會帶回致命的有毒植物。[Od. 2.329]
2-5-1	噢,我的丈夫啊,你英年早逝,最後留下我成了寡婦。[Il. 24.725]
2-5-2	我必須明確地告訴你,你有辦法心想事成,你一定要有自信你會做到。[Il. 9.310 (?)]

骰子點數	來自《伊里亞德》和《奧德賽》的神諭
2-5-3	不,母親,請拿些好酒過來吧![Il. 6.264]
2-5-4	無
2-5-5	無
2-5-6	請不要讓孩子成為孤兒,不要讓妻子成為寡婦。[Il. 6.432]
2-6-1	如果這是最後一餐,這次在這裡舉行的宴會也是最後一次的話,那該有多好。[Od. 4.685]
2-6-2	既然是身為統帥管理人民的人,可以整夜睡到不醒人事嗎?(不行!)[Il. 2.24]
2-6-3	真是個壞人。這樣子生悶氣、鬧彆扭是什麼意思?[Il. 6.326]
2-6-4	也許有一天他會回國,並為他們的暴力行為報仇![Od. 3.216]
2-6-5	會給二人娶妻,還會分財產。[Od. 21.214]
2-6-6	當試弓箭,來一決勝負。[Od. 21.180]
3-1-1	打算趁著深夜逃離災難。沒理由被人說長道短。[Il. 14.80]
3-1-2	想起所有學過的武術。現在正是需要的時候。[Il. 22.268]
3-1-3	我成了寡婦,生下的孩子還是個嬰兒。[Il. 22.484, 24.726]
3-1-4	切勿進入阿瑞斯的混沌之地(戰場)。[Il. 18.134]
3-1-5	因為人類只要經歷磨難很快就會衰老。[Od. 19.360]
3-1-6	無
3-2-1	無
3-2-2	絕對沒有這樣的人,今後也不會出現。[Od. 6.201]
3-2-3	兒子啊,坦白說,這絕對不是壞事。[Il. 18.128]
3-2-4	事到如今,他已經無法逃出我們的手裡。[Il. 22.219]
3-2-5	總有一天會支付青銅或黃金當贖金。[Il. 22.50]
3-2-6	慢慢喝你的酒吧!不要再與比你年輕的人爭吵。[Od. 21.310]

骰子點數	來自《伊里亞德》和《奧德賽》的神諭
3-3-1	活像一個懦夫,背對敵人,混入人群中逃往某個地方。[Il. 8.94]
3-3-2	如果那種人被稱為我的丈夫的話(那該有多好)。[Od. 6.244]
3-3-3	腳踏實地,頭頂向天。[Il. 4.443]
3-3-4	與1-3-3點數的內容相同。
3-3-5	聽取了士兵祈求平安無事不被殺死的願望。[Il. 8.246]
3-3-6	你根本不該去拜託勇敢無畏的佩琉斯之子(阿基里斯)。[Il. 9.698]
3-4-1	你已經被這甜如蜜的酒誘惑了。就像其他人一樣。[Od. 21.293]
3-4-2	隨心所欲即可。已經不需要顧慮了。[Il. 22.185]
3-4-3	我們二人注定要在同一片土地上染上鮮血。[Il. 18.329]
3-4-4	就這樣繼續射擊。如此一來你很快就會成為達那俄斯軍隊(希臘人)的救贖之光。[Il. 8.282]
3-4-5	沒有人會保護你的腦袋免受野狗的傷害。[Il. 22.348]
3-4-6	你殺不死我。我是命運無法掌控的人。[Il. 22.13]
3-5-1	留在這個家裡,和我一起守護這個家。[Od. 5.208]
3-5-2	滾開,你這個老頭。否則你就會被人抓著腳拖出去喔![Od. 18.10]
3-5-3	與其遭受災難,不如逃避免於災難。[Il. 14.81]
3-5-4	無論男女,都不能向任何人透露。[Od. 13.308]
3-5-5	在小麥或大麥田裡,麥穗一粒粒被收割。[Il. 11.69]
3-5-6	向對方說了什麼之後,你也一定會聽到同樣的話。[Il. 20.250]
3-6-1	絕對不會同意把海倫送回給金髮的墨涅拉俄斯。[Il. 11.125]
3-6-2	或者可以重新考慮一下嗎?好人的心是會改變主意的。[Il. 15.203]
3-6-3	但我從未懷疑過,我心裡只知道這一點。[Od. 13.339]
3-6-4	尤里馬丘斯啊,事情不會變成那樣的。相信你也知道這點。[Od. 21.257]

骰子點數	來自《伊里亞德》和《奧德賽》的神諭
3 - 6 - 5	你這個沒用的局外人。你根本不具備任何判斷力。[Od. 21.288]
3 - 6 - 6	父親聽從了其中一個,但是拒絕了另一個。[Il. 16.250]
4 - 1 - 1	好了,現在最好回到房間去,做自己的事情。[Od. 1.356]
4 - 1 - 2	去吧,也別告訴妻子這件事。[Od. 11.224](不同說法)註:原本《奧德賽》寫的是「去吧,並告訴你的妻子……」,這本魔法書版本不同。
4 - 1 - 3	你早就受到惡行的報應,被處以石刑了。[Il. 3.57]
4 - 1 - 4	他向神祈禱,希望很快能看到鬍子留長的樣子(長大後的樣子)。[Od. 18.176]。
4 - 1 - 5	向出生於呂基亞,因弓箭而廣受好評的阿波羅祈禱吧![Il. 4.101]
4 - 1 - 6	狼與小羊無法心靈相通。[Il. 22.263]
4 - 2 - 1	好了,對於這件事我們就互相讓步吧![Il. 4.62]
4 - 2 - 2	並且在眾人之中充滿爭鬥、混亂和死亡的命運。[Il. 18.535]
4 - 2 - 3	無
4 - 2 - 4	快點,趕往戰場!像你自己很久以前說過的一樣,證明你是那樣的男人。[Il. 4.264]
4 - 2 - 5	無
4 - 2 - 6	小子,為什麼你要白費力氣抱著一把毫無用處的弓呢?[Il. 21.474]
4 - 3 - 1	即使是有美麗秀髮的尼俄伯,也不會忘記吃飯的事。[Il. 24.602]
4 - 3 - 2	在贈送了大量青銅、黃金和衣物之後。[Od. 5.38]
4 - 3 - 3	確實這麼做之後,可能這次的旅程就不會徒勞無功,也不會失敗了。[Od. 2.273]
4 - 3 - 4	為了故鄉而戰。這才是唯一最好的前兆。[Il. 12.243]
4 - 3 - 5	我將為你獻上角上貼金箔的母牛作為活祭品。[Il. 10.294]
4 - 3 - 6	然後你將得到所有特洛伊軍隊的感謝與稱讚。[Il. 4.95]
4 - 4 - 1	停船吧,已經無法相信那些女人了。[Od. 11.456]
4 - 4 - 2	無法拒絕你的心願,而且也不應該發生那樣的事。[Il. 14.212]

骰子點數	來自《伊里亞德》和《奧德賽》的神諭
4 - 4 - 3	會立刻改變心意來迎合你我的想法。[Il. 15.52]
4 - 4 - 4	指引他以免出錯。因為這也是為了當事人好。[Il. 11.789]
4 - 4 - 5	榮耀將賜予我,而你的靈魂將交給馬的主人冥王黑帝斯。[Il. 5.654]
4 - 4 - 6	將讓他的船上裝滿黃金和青銅製品。[Il. 9.137]
4 - 5 - 1	可以說一部分,但是一部分要隱瞞。[Od. 11.443]
4 - 5 - 2	自呱呱落地那時開始,宙斯就讓我背負了沉重的負擔。[Il. 10.71]
4 - 5 - 3	只有一人具有智慧,其他的死者只是如幻影般四處飄盪。[Od. 10.495]
4 - 5 - 4	遵循自己的信念。但是承諾的獎章並未實現。[Il. 9.598]
4 - 5 - 5	拉爾特斯之子(奧德修斯)啊,聽到你的話我感到很高興。[Il. 19.185]
4 - 5 - 6	但是宙斯既能增強戰士的英勇,也能削弱他們的力量。[Il. 20.242]
4 - 6 - 1	可惡的傢伙。甚至無辜的人也會立刻責罵。[Il. 11.654]
4 - 6 - 2	快點做好準備。現在正是攻占這座寬闊城市的時候![Il. 2.66]
4 - 6 - 3	我的心,好好忍耐吧!你不是曾經忍受過比這更大的屈辱嗎?[Od. 20.18]
4 - 6 - 4	你瘋了嗎!乖乖坐下聽從上面的人指示![Il. 2.200]
4 - 6 - 5	拾棄怒火,選擇了和解。[Il. 16.282]
4 - 6 - 6	即使如此,父親去世後還有活下來的孩子,真是多麼美好的一件事。[Od. 3.196]
5 - 1 - 1	來吧,把面紗纏在胸前(這樣就不必擔心遭遇苦難了)。[Od. 5.346]
5 - 1 - 2	在被殺害的人面前誇耀功績是不可原諒的。[Od. 22.412]
5 - 1 - 3	在所有人都沉睡的清澈夜晚。(到底要去哪裡呢?)[Il. 24.363]
5 - 1 - 4	我怎麼能忘記不亞於神的奧德修斯呢?[Od. 1.65]
5 - 1 - 5	赤黑的死亡與無法避免的命運已經牢牢關閉了。[Il. 5.83]
5 - 1 - 6	沒有什麼比女人更可怕、更無恥的了……[Od. 11.427]

骰子點數	來自《伊里亞德》和《奧德賽》的神諭
5-2-1	不如放棄圍繞船隻與達那俄斯軍隊（希臘）作戰的想法吧！[Il. 12.216]
5-2-2	如果對方先攻過來，就要加強防守。[Il. 24.369; Od. 16.72, 21.133]
5-2-3	我無法讓坐在膝上的小孩叫我「爸爸」。[Il. 5.408]
5-2-4	我就是那個男人。經過許多艱辛，現在我回來了！[Od. 21.207]
5-2-5	不應該這麼說。這樣下去也無濟於事。[Il. 5.218]
5-2-6	我知道你急於作戰，但是請你先在這裡等一會兒。[Il. 19.189]
5-3-1	住手。並且不要以戰鬥和紛爭為樂。[Il. 16.91]
5-3-2	從未與那個女人共度一宵，也從未觸碰過她的肌膚。[Il. 9.133, 19.176]
5-3-3	僅僅是溼潤嘴唇，並無法潤澤口中。[Il. 22.495]
5-3-4	請放心。那件事的話沒有什麼好擔心的。[Il. 18.463]
5-3-5	只剩下那隻瘋狂的狗還沒被射倒。[Il. 8.299]
5-3-6	朋友啊，你什麼都不要說就靜靜地待著，照著我的話去做。[Il. 4.412]
5-4-1	壞事是不會興旺的。因為慢調子能抓住急驚風的人。[Od. 8.329]
5-4-2	把館門緊緊關上，並上鎖。[Od. 21.236]
5-4-3	唉唉，可憐的男人啊！你心中根本沒有任何想死的念頭。[Il. 17.201]
5-4-4	奧德修斯大人已經回國了。雖然他回來的時間有些晚。[Od. 23.7]
5-4-5	最終一定會實現。而且敵人也會受到慘痛的代價。[Il. 4.161]
5-4-6	那裡有「鬥爭」有「英勇」，還有令人毛骨悚然的「追擊」。[Il. 5.740]
5-5-1	沒有比因飢餓而喪命更可怕的死法了。[Od. 12.342]
5-5-2	我將躺下來死去。現在的我只希望立下輝煌的戰功。[Il. 18.121]
5-5-3	與4-2-4點數的內容相同。
5-5-4	親愛的，我怎麼可能做出嘲笑你這種事。[Od. 23.26]

骰子點數	來自《伊里亞德》和《奧德賽》的神諭
5-5-5	然而女神停止了阿爾克墨涅的陣痛，延遲了分娩。[Il. 19.119]
5-5-6	明白了。如果有過錯我會在日後補償。[Il. 4.362]
5-6-1	那麼急著去哪裡呢？到底是想做什麼，怎麼那麼怒氣沖沖呢？[Il. 8.413]
5-6-2	沒必要那麼擔心他。[Od. 13.421]
5-6-3	然而諸神並不會一下子賜予人類一切。[Il. 4.320]
5-6-4	與5-2-56點數的內容相同。
5-6-5	即便叫喊，也無法動搖宙斯的心。[Il. 12.173]
5-6-6	然而奧德修斯用下巴示意，阻止了急躁的兒子。[Od. 21.129]
6-1-1	為什麼你會想自己一個人去阿卡伊亞軍隊（希臘）的船上呢？[Il. 24.203]
6-1-2	只留下唯一的女兒，在宮中（病倒了）。[Od. 7.65]
6-1-3	另外，我已經為你清除了眼前的迷霧了。[Od. 21.129]
6-1-4	與2-6-6點數的內容相同。
6-1-5	我知道，只有你們二人在等著我回國。[Od. 21.209]
6-1-6	我會給他穿上優質的上衣和內衣。[Od. 16.79, 17.550, 21.339]
6-2-1	從高梁上綁著繩索垂下來。[Od. 11.278]
6-2-2	回想至今仍保持不變的優秀技能。[Od. 8.244]
6-2-3	橫越遼闊的海洋吧！因為動搖大地的神（波塞頓）已經允許了。[Od. 7.35]
6-2-4	不必顧忌帶著弓去吧！如果總是聽從大家說的話，什麼好事都不會發生。[Od. 21.369]
6-2-5	你應該站起來參與戰鬥，並激勵其他將士。[Il. 19.139]
6-2-6	因為就連英勇的海克力斯，也無法逃脫死亡的命運。[Il. 18.117]
6-3-1	一直想著要贈送巨大的禮物來補償。[Il. 9.120, 19.138]
6-3-2	站在阿爾戈斯軍隊（希臘）中，讓他發誓。[Il. 19.175]

骰子點數	來自《伊里亞德》和《奧德賽》的神諭
6 - 3 - 3	那個男人就近在眼前。根本不需要花時間去找。但是,前提是你們要願意聽我說的話。[Il. 14.110]
6 - 3 - 4	這不是突然發生的,應該是諸神造成的吧?[Od. 21.196]
6 - 3 - 5	的確,這些事情最終都成真了。這股潮流無法改變。[Il. 12.412]
6 - 3 - 6	來吧,跟我來!人手愈多工作就會變得愈輕鬆。[Il. 14.53]
6 - 4 - 1	既然如此諸神肯定是讓你失去了理智。[Il. 7.360, 12.234]
6 - 4 - 2	放心吧!不用擔心被人殺死這種事。[Il. 10.383]
6 - 4 - 3	不要悲傷哭泣,也不要驚醒家人。[Il. 5.413]
6 - 4 - 4	安靜地跟我來,由我來帶路。[Od. 7.30]
6 - 4 - 5	即便有耳朵願意傾聽,也對你毫無用處,你的判斷力和謹慎心都已經死去。[Il. 15.129]
6 - 4 - 6	他年老時,把武器傳給了兒子,但是兒子未能穿戴上父親的武器便老去。[Il. 17.197]
6 - 5 - 1	我想回家迎接歸鄉之日。[Od. 5.220, 8.466]
6 - 5 - 2	明明沒有繼承的男孩,卻被手持銀弓的阿波羅射中了。[Od. 7.64]
6 - 5 - 3	因此,還是有希望能與心愛之人重逢,並返回家鄉。[Od. 7.76]
6 - 5 - 4	我會實話實說,你們二人接下來會發生的事。[Od. 21.212]
6 - 5 - 5	接下來我所說的話一定都會實現。[Il. 1.212]
6 - 5 - 6	按照他的希望,送他去任何地方。[Od. 16.81, 21.342]
6 - 6 - 1	你瘋了嗎?那些腳程快的狗會立刻把你活活吃掉。[Od. 21.363]
6 - 6 - 2	讓你知道我的力量有多大,還有手臂會如何聽我使喚。[Od. 20.237, 21.202]
6 - 6 - 3	我們可不認為這個男人會帶你走。因為那是不可能的事。[Od. 21.322]
6 - 6 - 4	每天聚集在這裡,日復一復地等待。[Od. 21.156]
6 - 6 - 5	你似乎總是喜歡在我不注意時偷偷地計畫並決定事情。[Il. 1.542]
6 - 6 - 6	杜倫啊,你已經落入我們手中,別以為你能逃脫。[Il. 10.447]

| 參考文獻 |

除了本書中所介紹的，古代魔法還有許多術式與研究，請在廣大的魔法研究領域裡盡情享受！
書中的註釋以〔〕標示出版年，如：Edmonds[2019]。
◎⇒　推薦給想要知道更深入資訊的人參考。

辭典類
古代基本用語解說根據下述兩本辭典。
- *Brill's New Pauly: Encyclopaedia of the Ancient World* [1996-2012].（略：New Pauly）
- *Oxford Classical Dictionary* [2012].（略：OCD）

全書
- Adler, A. [1967] *Suidae Lexicon*, Tevbneri.
- ◎Betz, H. D. [1997] *The Greek Magical Papyri in Translations*, University of Chicago Press.
  →希臘魔法莎草紙英譯版，學習古代魔法必備。
- ◎Edmonds, R. G. Ⅲ. [2019] *Drawing Down the Moon*, Princeton University Press.
  →個人認為是近年來整理的最完善的古代魔法概論，也是本書首要參考書，強烈推薦。
- Preisendanz, K. [1931] *Papyri graecae magicae (Band 2)*, Teubner.
- ◎前野弘志[2015]「『ギリシア語魔術パピルス』を読む」『西洋史学報』42号 1-29頁
  →收錄了希臘魔法莎草紙相關的所有魔法清單，必備。
- ◎Ogden,D[2009] Magic, Witchcraft and Ghosts in the Greek and Roman Worlds: A source book.
  →彙整了古代魔法相關文獻的資料集。一本就能讀到各種魔法的一手原始資料，超划算！

巴里納斯／提亞納的阿波羅尼烏斯
- Nizami Ganjavi. [1980] *The Sikandar Nama : E Bara, or Book of Alexander the Great Written Ad 1200*, Trans., H. Wilberforce (Henry Wilberforce) Clarke. V.I. Publications
- Philostratus [2005] *Life of Apollonius of Tyana*, *(Loeb Classical Library)*, in: ed. Jones, C.P.(ed). Harvard University Press.
- Raggetti, L. [2019] "Apollonius of Tyana's *Great Book of Talismans*", *Nuncius*, 34(1), pp.155-182.
- ◎セリグマン・カート［1974］『魔法─その歴史と正体　世界教養全集20』平田寛譯　平凡社
  →書中的巴里納斯（提亞納的阿波羅尼烏斯）章節內容簡潔而完備。
- ◎ピロストラトス［2010］『テュアナのアポロニオス伝1　西洋古典叢書』秦剛平譯　京都大学学術出版会

咒語

- Collins, D. [2008] "The Magic of Homeric Verses", *Classical Philology*, Vol. 103, No. 3, pp. 211-236.
- ◎Faraone, C.A. [2012] *Vanishing Acts on Ancient Greek Amulets: From Oral Performance to Visual Design*, University of London Press.
  →書末資料附有古代咒語一覽表！
- Faraone, C.A., Tovar, S.T. [2022] *Greek and Egyptian Magical Formularies: Text and Translation Vol. 1*, California Classical Studies.
- H, Ricardus. [1892] Incantamenta Magica Graeca et Latina, Jahrbücher für classische Philologie Supplement 19, pp. 466-575,
- Heim, R. [1893] "Incantamenta Magica Graeca et Latina", *Jahrbücher für classische Philologie Supplement 19*, pp.462-575.
- Lang, M. [1976] "Graffiti and Dipinti", *The Athenian Agora* Vol. 21, American School of Classical Studies at Athens.
- Lecouteux, C. [2015] *Dictionary of Ancient Magic Words and Spells: From Abraxas to Zoar*, Inner Traditions; Mul edition.
- Scholem, G. [1960] *Jewish Gnosticism, Merkabah Mysticism, and Talmudic Tradition*, The Hebrew University.

咒術

- Elderkin, G. W. [1937] "Two Curse Inscriptions", *Hesperia*, Volume 6, Issue 3, pp. 382-395.
- Jordan. 1994. "Late Feasts for Ghosts", *Ancient Greek Cult Practice from the Epigraphical Evidence* Hägg, R.(ed.), Abm Komers, pp. 131143.
- Jordan, D. R. [1985] "A Survey of Greek Defixiones Not Included in the Special Corpora." *Greek, Roman, and Byzantine Studies* 26 (2), pp.151-197
- The TheDeMa（Thesaurus Defixionum Magdeburgensis）
- http://thedema.ovgu.de/thedema.php
  →該專案已於2021年移交 The Defix。
  https://www.thedefix.uni-hamburg.de/html/heurist/?db=The_dema&website&id=41774
- ◎ゲイジャー・G・ジョン [2015]『古代世界の呪詛板と呪縛呪文』志内一興 譯 京都大学学術出版会
  →收錄大量的詛咒石板翻譯。

防禦術／寶石魔法

- Faraone, C.A. [2018] *The Transformation of Greek Amulets in Roman Imperial Times*, University of Pennsylvania Press.
  →書末資料附有古代寶石魔法和防禦術的一覽表。
- Kotansky, R. [1994] *Greek Magical Amulets: The Inscribed Gold, Silver, Copper, and Bronze Lamellae Part I Published Texts of Known Provenance*, Westdeutscher Verlag.
- Nicolson, F. W. [1897] "The Saliva Superstition in Classical Literature",

Harvard Studies in Classical Philology, Vol. 8, pp. 23-40.
- Osek, E. [2021] "Sacrificing a Serpent: Nonnus' *Dionysiaca* 2.671–679 and the Orphic *Lithica* 736–744", *Nonnus of Panopolis in Context III*, Brill.

- Waegeman, M. [1987] *Amulet and Alphabet: Magical Amulets in the First Book of Cyranides*. J.C. Gieben, Amsterdam.
◎ 小林晶子 [1991]「『リティカ』―解説と全訳―(「オルフェウスの鉱石讃歌」として知られる神秘的ギリシアの詩の紹介)」明治薬科大学研究紀要 (21), pp.1-61.
→収錄《石之歌》全本翻譯，以及各種寶石魔法歌，必備。
- ジョージ・フレデリック・クンツ [2011]『宝石と鉱物の文化誌』鏡リュウジ譯 原書房

情愛魔法

- Bravo, J. J. III. [2016] "Erotic Curse Tablets from the Heroön of Opheltes at Nemea" *Hesperia* Volume 85, Issue 1, pp. 121-152.
- Faraone, C.A. [1999] *Ancient Greek Love Magic*, Harvard University Press.
- Martinez, D. G. [1991] *Michigan Papyri XVI: A Greek Love Charm from Egypt (P. Mich. 757)*, American studies in papyrology, no. 30. Scholars Press.
- Stratton, K. B. [2007] Naming the Witch : Magic, Ideology, and Stereotype in the Ancient World, *Gender, Theory, and Religion*, Columbia University Press.

亡靈魔法

- Cesteros, M. B. [2019] "Written in Blood? Decoding Some Red Inks of the Greek Magical Papyri", *Traces of Ink: Experiences of Philology and Replication*, in: Raggetti, L.(ed.), Brill, pp. 33-56.
- Faraone, C.A. [2005] "Necromancy Goes Underground: The Didguise of Skull- and Corpse-Divination in the Paris Magical Papyri (PGM IV 1928-2144)", Studies in Ancient Divination, pp. 255-282.
- Ogden, D. [2001] *Greek and Roman Necromancy*, Princeton University Press.
- Faraone, C.A. [1988] "Hermes But No Marrow : Another Look at a Puzzling Magical Spell" *Zeitschrift für Papyrologie und Epigraphik 72*, pp. 279-286.

希臘化時代（間章）

- Humphrey, J. W.,et. al. [1997]*Greek and Roman Technology: A Sourcebook: Annotated Translations of Greek and Latin Texts and Documents*, Routledge.
- Iversen, P. [2017] "The Calendar on the Antikythera Mechanism and the Corinthian Family of Calendars", *Hesperia* Volume 86, Issue 1, 129-203.
- Jones, A. [2017] *A Portable Cosmos: Revealing the Antikythera Mechanism, Scientific Wonder of the Ancient World*, 2017.
◎ ポラード・ジャスティン、リード・ハワード [2009]『アレクサンドリアの興亡―現代社会の知と科学技術はここから始まった』藤井瑠美譯 主婦の

友社
→推薦給對這個章節最感興趣的讀者們，充滿希臘化時期的熱情魅力。
- マーチャント・J [2009]『アンティキテラ 古代ギリシアのコンピュータ』木村博江譯　文藝春秋

天體魔法
- Dieleman, J. [2003], "Stars and the Egyptian Priesthood in the Graeco-Roman Period", *Prayer, Magic, and the Stars in the Ancient and Late Antique World*, in: Noegel, S., Walker, J., Wheeler, B.(eds.), Pennsylvania State University Press.
- Dorotheus of Sidon [2019], *Carmen Astrologicum: The 'Umar al-Tabari Translation*, Dykes, B. N.(ed.), Cazimi Press.
  →現存最古老的希臘占星術技法書。
- Manilius, M. [1977] *Astronomica, Loeb Classical Library 469*, in: Goold, P. G.(eds.), Harvard University Press.
- Neugebauer, O., et. al., [1987] *Greek Horoscopes*, Amer Philosophical Society.
- Wheeler, M., [2003] Prayer, Magic, and the Stars in the Ancient and Late *Antique World*, in: eds. Noegel B. S., Walker, T.J.(ends), University of Pennsylvania Press.
- キャンピオン・ニコラス [2012]『世界史と西洋占星術』鏡リュウジ審譯　宇佐和通・水野友美子譯　柏書房
- ◎マニリウス・マルクス [1993]『占星術または天の聖なる学（ヘルメス叢書）』有田忠郎譯　白水社
- 守川知子 [2009]<原典翻訳> ムハンマド・ブン・マフムード・トゥースィー著『被造物の驚異と万物の珍奇』(2)」『イスラーム世界研究』2009, 3(1), pp.403-441

煉金術
- Berthelot, M. [1963] *Collection des anciens alchimistes grecs* in: Ruelle, C. E.(ed.), Holland Press.
- Dufault, O. [2015] "Transmutation Theory in the Greek Alchemical Corpus", *Ambix*, Volume 62, Issue 3, pp. 215-44.
- Dufault, O. [2019] *Early Greek Alchemy, Patronage and Innovation in Late Antiquity*, California Classical Studies.
- Jensen, B. W. [2008] The Leyden and Stockholm Papyri : Greco-Egyptian Chemical Documents From the Early 4th Century AD, in: Caley, E. R.(ed.), *Oesper Collections in the History of Chemistry*, University of Cincinnati.
- Khadem H. S. El [1996] "A Translation of a Zosimos' Text in an Arabic Alchemy Book", *Journal of the Washington Academy of Sciences* 84, No. 3, pp.168-178.
- Mertens, M. [2006] "Graeco-Egyptian Alchemy in Byzantium", Magdalino, P., Mavroudi, M. (eds.), *The Occult Sciences in Byzantium*, pp.205-230.
- Martelli, M. [2014] *The Four Books of Pseudo-Democritus, Sources of Alchemy and Chemistry*, Routledge.

- Pomeroy, S. B. [1978] *Goddesses, Whores, Wives and Slaves: Women in Classical Antiquity*, Schocken.
- Principe, M, L. [2012] *The Secrets of Alchemy*, The University of Chicago Press.
- Silveira, F. L. D. [2020] *The searched-for thing: A Literary Approach to Four Early Alchemical Texts*, ProQuest Dissertations Publishing,.
- Taylor, F. S. [1930] "A Survey of Greek Alchemy." *The Journal of Hellenic Studies 50*, Part 1, pp.109-139.

◎プリンチーペ・M・ローレンス [2018]『錬金術の秘密―再現実験と歴史学から解きあかされる「高貴なる技」』ヒロ・ヒライ譯 勁草書房
→內容僅限於古代,聚焦煉金術完整歷史脈絡,收錄許多實驗圖。

一次文獻（僅日語譯本）

- アイリアノス [1989]『ギリシア奇談集』松平千秋・中務哲郎譯　岩波書店
- アポロドーロス [1953]『ギリシア神話』高津春繁譯 岩波書店
- イソクラテス [1998]『イソクラテス弁論集』小池澄夫譯 京都大学学術出版会
- ウェルギリウス [1976] 『アエネーイス』泉井久之助譯 岩波書店
- エウリピデス [1965]「ヘラクレイダイ」『ギリシャ悲劇II』田中美知太郎譯 筑摩書房
- ストラボン [1994]『ギリシア・ローマ世界地誌』飯尾都人譯 竜渓書舎
- ソポクレス [1986]『ギリシア悲劇Ⅱ』松平千秋編 筑摩書房
- ディオドロス [1999]『神代地誌』飯尾都人譯 龍渓書舎
- ディオゲネス・ラエルティオス [1984] 『ギリシア哲学者列伝（上）』加来彰俊譯 岩波書店
- トゥーキュディデース [1966]『戦史』久保正彰譯 岩波書店
- パウサニアス [1991]『ギリシア案内記』馬場恵二譯 岩波書店
- パウサニアス [1991]『ギリシア記』飯尾都人譯 竜渓書舎
- ヒュギーヌス [2005]『ギリシャ神話集』松田治・青山照男譯 講談社
- ピンダロス [2001]『祝勝歌集/断片選』内田次信譯 京都大学学術出版会
- プラトン [1974]『プラトン全集９』加来彰俊・藤沢令夫譯 岩波書店
- プラトン [1950]『ソクラテスの弁明・クリトン』久保 勉譯 岩波書店
- プリニウス [1986]『プリニウスの博物誌』中野定雄・中野里美・中野美代譯
- プルタルコス [1996]『プルタルコス英雄伝』村川堅太郎編 筑摩書房
- ヘーシオドス [1986]『仕事と日』松平千秋譯 岩波書店
- ヘロドトス [1971]『歴史』松平千秋譯 岩波書店
- ホメロス [1992]『イリアス』松平千秋譯 岩波書店
- ホメロス [1994]『オデュッセイア』松平千秋譯 岩波書店

藤村Sisin

古希臘研究家。一邊從事NHK講座講師、寫作和監修等工作外，一邊主持重現古希臘祭典的「古希臘之夜」。著作包含《古代ギリシャのリアル》（實業之日本社），也協助監修過《小学館の図鑑NEO 星と星座(新版)》（小學館）等書。在2020年東京奧運聖火點燃儀式上，負責NHK直播的古希臘語即時翻譯工作。當初會進入這個世界，是因為小時候看過的動畫《聖鬥士星矢》。畢業於東京女子大學研究所。

官方部落格：http://www.style-21.jp/diary/sisinf/ （截至2024年4月）
X（舊Twitter）：@s_i_s_i_n

HIMITSU NO KODAI GREECE, ARUIWA KODAI MAJUTSUSHI
©Sisin Fujimura 2024
First published in Japan in 2024 by KADOKAWA CORPORATION, Tokyo.
Complex Chinese translation rights arranged with KADOKAWA CORPORATION, Tokyo through CREEK & RIVER Co., Ltd.

神祕的古希臘暨古代魔法史

出　　　版／楓樹林出版事業有限公司
地　　　址／新北市板橋區信義路163巷3號10樓
郵 政 劃 撥／19907596　楓書坊文化出版社
網　　　址／www.maplebook.com.tw
電　　　話／02-2957-6096
傳　　　真／02-2957-6435
作　　　者／藤村Sisin
翻　　　譯／蔡麗蓉
責 任 編 輯／周季瑩
校　　　對／邱凱蓉
內 文 排 版／洪浩剛
港 澳 經 銷／泛華發行代理有限公司
定　　　價／650元
出 版 日 期／2025年9月

國家圖書館出版品預行編目資料

神祕的古希臘暨古代魔法史／藤村Sisin作；蔡麗蓉譯. -- 初版. -- 新北市：楓樹林出版事業有限公司, 2025.09　面；　公分

ISBN 978-626-7729-28-1（平裝）

1. 巫術　2. 古希臘　3. 歷史

295　　　　　　　　　　114009025